TEXTOS ESENCIALES

JOHN MAYNARD KEYNES

Edición y prólogo a cargo de
Sergio Campos

Colección Textos *esenciales* dirigida por Luis Benítez

Ilustración de tapa: Fernando Martínez Ruppel

Textos esenciales
John Maynard Keynes
es editado por
EDICIONES LEA S.A.
Av. Dorrego 330 C1414CJQ
Ciudad de Buenos Aires, Argentina.
E-mail: info@edicioneslea.com
Web: www.edicioneslea.com

ISBN 978-987-718-557-7

Impreso en Argentina. Primera edición.
Esta edición se terminó de imprimir en Julio de 2018 en
los talleres gráficos de Oportunidades Sociedad Anónima.

Keynes, John Maynard
    John Maynard Keynes / John Maynard Keynes ; compilado por Sergio Campos. - 1a ed . - Ciudad Autónoma de Buenos Aires : Ediciones Lea, 2018.
    192 p. ; 23 x 15 cm. - (Textos esenciales ; 6)

    ISBN 978-987-718-557-7

    1. Actividad Económica. 2. Teoría Económica. 3. Historia Económica. I. Benítez, Luis, comp. II. Título.
    CDD 330.1

Prólogo

John Maynard Keynes nació en Cambridge el 5 de junio de 1883 en el seno de una familia acomodada. En 1897 obtuvo una beca para estudiar en el Colegio de Eton y en 1902 ingresó en el King's College de la Universidad de Cambridge, donde estudió Matemáticas y, luego, Economía. En esta casa de estudios, la usina más importante del pensamiento económico neoclásico, preeminente a principios de siglo, llevó adelante su formación profesional. A lo largo de sus estudios se convirtió en el discípulo predilecto de la mayor figura de esta escuela: Alfred Marshall. En 1906, ingresó al servicio público inglés, y trabajó dos años en la India Office, en Calcuta, donde acumuló un profundo conocimiento del sistema financiero indio. A partir de 1908, es designado secretario del consejo de economía de la Universidad de Cambridge, donde también trabaja como profesor de Economía hasta 1915. En 1916 ingresa en el Tesoro británico donde ocupa cargos importantes y fue consejero del Ministerio de Hacienda. Como representante del Tesoro participó, al finalizar la Primera Guerra Mundial, de la Conferencia de Paz de París, pero dimitió en 1919 porque consideró como abusivo el régimen de indemnizaciones y reparaciones que se le estaba imponiendo a Alemania. A raíz de esto escribió, en el mismo año *Las consecuencias económicas de la paz*, obra en la que consideró las implicaciones y consecuencias de las condiciones económicas impuestas a Alemania en el Tratado de Versalles.

En 1919, volvió a Cambridge como profesor y *simultaneaba* su trabajo docente con actividades privadas en empresas de seguros e inversiones, lo que le proporcionaba importantes ingresos. Vivía alternativamente en el domicilio familiar de la calle Harvey, en Cambridge, y en el 46 de Gordon Square, en Londres, ciudad donde realizaba un intenso conjunto de actividades. Además de ser miembro, como dijimos, de varios consejos de administración de empresas financieras y aseguradoras, dirigía el semanario *Nation and Athenaeum* y el *Economic Journal* y participaba en el Consejo Asesor Económico del Primer Ministro británico. Se interesaba por la literatura y, en particular, el teatro. Fue empresario del Teatro de las Artes de Cambridge, que, durante un tiempo, fue el más importante escenario de las Islas Británicas fuera de Londres.

Durante la Segunda Guerra Mundial, Keynes ya era un economista reconocido. Fue admitido en la Cámara de los Lores con el título de Barón Keynes de Tilton en el Condado de Sussex, donde formó parte de la bancada del Partido Liberal.

A medida que se afianzaba la victoria aliada, en 1944, Keynes participó intensamente en las negociaciones que establecieron el sistema Bretton Woods, como líder de la delegación británica y presidente de la comisión del Banco Mundial. Su plan con respecto a una Unión Internacional de Compensación propuesta para un sistema de administración de divisas, involucraba un banco central mundial que sería responsable de una unidad mundial única de cambio, el Bancor. Sin embargo, el peso de los Estados Unidos en las negociaciones fue determinante para que el resultado final coincidiera en mayor grado con los planes de Harry Dexter White –director del Departamento del Tesoro de los Estados Unidos–, que estableció el uso del dólar estadounidense como moneda de reserva y dio inicio a su presencia dominante en las finanzas globales.

Debido a la presión de su trabajo en los problemas financieros internacionales de la posguerra, su afección cardíaca se fue agravando y, en 1946, un infarto provocó su muerte.

Entre sus obras más importantes, se cuentan el *Tratado sobre las probabilidades*, de 1920, en el que se dedica al estudio de las bases matemáticas y filosóficas de la teoría de la probabilidad; el *Tratado sobre la reforma monetaria*, de 1923, donde atacó las políticas deflacionarias del gobierno en los años veinte, defendió la idea de que los países deberían dedicarse a lograr la estabilidad de los precios domésticos y propuso el empleo de tipos de cambio flexibles; en 1930, expuso su teoría, influida por el economista sueco Johan Gustaf Knut Wicksell, sobre el ciclo de crédito en su *Tratado sobre el dinero*; en 1936 publica *Teoría general de la ocupación, el interés y el dinero*, el libro que, sin duda alguna, ha influido profundamente en la forma de vida de las sociedades industriales tras la Segunda Guerra Mundial; y, en 1940, aparece *¿Cómo pagar la guerra?*, en el que plantea que el esfuerzo bélico debe financiarse mayoritariamente con el aumento de colonias en África y mayores impuestos, en lugar de generar gasto deficitario para, de esa manera, evitar la inflación.

Contribuciones al pensamiento económico. La Teoría general de la ocupación, el interés y el dinero

En su obra principal, *Teoría general de la ocupación, el interés y el dinero*, Keynes plasmó sus ideas sobre el empleo, la teoría monetaria y el ciclo de comercio, entre diversos temas. Desafió el paradigma económico dominante cuando se publicó en 1936. Su teoría se basa en la idea de la demanda agregada con la que explica la variación general de la actividad económica —variaciones como las que se dieron durante la Gran Depresión de los años treinta—. De acuerdo con esta teoría, el ingreso total de la sociedad está determinado por la suma del consumo y la inversión, y, en una situación de desempleo y capacidad productiva no utilizada, solo pueden incrementarse el empleo y el ingreso total aumentando primero los gastos, ya sea en consumo como en inversión.

El ingreso total es el que determina la cantidad total de ahorro en la sociedad y, por lo tanto, la economía podría alcanzar un incremento del ahorro total, incluso si las tasas de interés se bajaran para incentivar los gastos en inversión.

Es novedoso su tratamiento del tema del ahorro; para él, las decisiones de ahorro las toman unos individuos en función de sus ingresos, mientras que las de inversión las toman los empresarios de acuerdo con sus expectativas. No existe ninguna razón por la que el ahorro y la inversión deban coincidir. Cuando las expectativas de los empresarios son favorables, grandes volúmenes de inversión provocan una fase expansiva. Cuando las previsiones son negativas, la contracción de la demanda puede provocar una depresión. El Estado puede impedir la caída de la demanda aumentando sus propios gastos; es decir, que se plantea la necesidad de políticas económicas activas por parte del gobierno para estimular la demanda en tiempos de elevado desempleo, por ejemplo, a través de gastos en obras públicas.

En cuanto a la ocupación, se oponía a todo lo que los economistas clásicos habían enseñado. Sostenía que la causa real del desempleo era el gasto insuficiente en inversión. Se puede sintetizar su aporte en el concepto de que cuando la demanda se torna transitoriamente más pequeña, ello puede ocasionar, en determinados contextos institucionales, que la oferta también se contraiga; con lo que se produciría un nuevo equilibrio del mercado, pero habiendo perdido este mismo cierta magnitud entre ambos momentos.

En su teoría, el desencadenante de esos movimientos en la demanda y la oferta es el mercado de capital. La demanda de capital desciende transitoriamente, a partir de lo cual la oferta de capital le sigue a la baja en lugar de mantenerse de manera transitoria o aumentar por un tiempo.

Al resolverse ambos movimientos, el de la demanda y el de la oferta de capital, ambos a la baja, el mercado como un todo retorna al equilibrio; Pero en este nuevo momento, la cantidad de capital aplicado será menor que antes, por lo cual la nueva proporción resultante entre los demás factores de producción –trabajo y recursos– y el capital se alterará. Al decrecer o retenerse parte del capital o ahorro anterior, una parte de los otros dos factores resultará excedente y no podrá más que quedar fuera del mercado y se realiza como un creciente stock involuntario de estos otros dos factores.

Podemos decir que Keynes previó en su *Teoría general*... que la obra probablemente iba a encabezar una revolución en la forma en que los empresarios pensarían sobre los temas de interés público. El pensamiento keynesiano (las acciones del gobierno que intentan influir en la demanda a través de los impuestos, el gasto público y la política monetaria) fue muy influyente en la época de la posguerra, tras la Segunda Guerra Mundial. Sin embargo, la estanflación de la década de los setenta hizo que el enfoque intervencionista keynesiano perdiera su atracción en los círculos políticos y de los teóricos económicos. En la mayoría de las economías, se comenzó a pensar que el tratamiento keynesiano de la demanda era complejo y que provocaba sutiles daños a la economía, como el deterioro de los beneficios de un presupuesto público equilibrado, así como favorecer la inflación. Hasta cierto punto, la teoría keynesiana padeció a causa de su propio éxito en la posguerra, que terminó con largos períodos de paro y pérdida de producción. De todas maneras, el keynesianismo todavía existe en la forma de la denominada "Nueva Economía Keynesiana", que intenta combinar la economía neoclásica con algunas conclusiones de la política promovida por John Keynes.

Finalmente, para acercar esta obra a nuestros días, podemos remitirnos a que, en el mundo de Keynes el Estado no cumplía funciones económicas; su misión era defender el país de una agresión externa o asegurar el cumplimiento de contratos y derechos adquiridos, mientras que, por su parte, los mercados en las sociedades modernas eran incapaces de promover por sí solos el pleno empleo de la fuerza laboral. El libre mercado operaba, entonces, en la práctica, como un mecanismo de exclusión social. De ahí la necesidad planteada por Keynes de una actividad pública supletoria, "finanzas funcionales" y "Estado benefactor". En la actualidad, el mundo, y en particular los países menos desarrollados económicamente, han vuelto a las políticas de libre mercado, luego de las políticas económicas de Thatcher y Reagan y la receta derivada de ellas para América Latina, el Consenso de Washington, que aconsejó reformas para minimizar el gasto público, privatizar empresas y demás recursos económicos bajo órbita estatal, y suprimir toda norma reguladora de las decisiones de la empresa privada (como la legislación laboral). Tal programa se sustentó en las conclusiones de la llamada (por Keynes) "teoría clásica", hoy conocida como neoliberalismo u ortodoxia. Las propuestas del neoliberalismo, como diría Keynes, resultaron desastrosas al ser aplicadas a la realidad. Sus efectos han sido trágicos: deuda externa agobiante, mayor desempleo, desmantelamiento de la seguridad social, máxima inequidad distributiva, empobrecimiento de las clases medias, desnutrición infantil, desamparo de la vejez, retroceso de la educación y la salud públicas, crecimiento de la inseguridad y la marginalidad. Nadie que piense con humanidad, dignidad y sensatez, consideraría que estos resultados son satisfactorios. Frente a estos problemas, el lector que se acerque a esta obra encontrará un profundo conocimiento de la realidad, la aclaración de aspectos complejos, confusos u ocultos de las teorías económicas y, lo más importante, una serie de ideas y nociones útiles para obrar contra la injusticia social dentro del marco de la democracia.

TEORÍA GENERAL DE LA OCUPACIÓN, EL INTERÉS Y EL DINERO (1936)

Prefacio

Dirijo este libro especialmente a mis colegas economistas, aunque deseo que sea comprensible para quienes no lo son. Su objetivo principal es tratar las difíciles cuestiones de la teoría y sólo de manera secundaria sus aplicaciones prácticas; porque si la economía ortodoxa cayó en desgracia, la razón debe buscarse no en la superestructura, que ha sido elaborada con sumo cuidado por lo que respecta a su consistencia lógica, sino en la falta de claridad y generalmente de sus premisas. Por dicha razón, no podré cumplir mi deseo de persuadir a los economistas que estudien otra vez, con mirada crítica, algunos de los supuestos básicos de la teoría, más que por medio de argumentos sumamente abstractos, así como valiéndome a menudo de la controversia. Quisiera abreviar esta; pero he creído importante no sólo explicar mi propio punto de vista, sino también mostrar en qué aspectos se aparta de la teoría habitual. Supongo que quienes se aferran demasiado a lo que llamaré "la teoría clásica" oscilarán entre la creencia de que estoy por completo equivocado y la de que no estoy diciendo nada nuevo. Corresponde a otros determinar si alguna de estas alternativas, o bien una tercera, es la pertinente. La parte de mi obra especialmente dedicada a la controversia tiene como fin proporcionar materiales para la respuesta, y debo disculparme si, en el intento de establecer distinciones incisivas, mis argumentos resultan demasiado sutiles. Yo mismo defendí durante muchos años con convicción las teorías que ahora combato y creo que no ignoro cuál es su lado fuerte.

No puede exagerarse la importancia del asunto en disputa; y si mis explicaciones son acertadas, a quienes primero debo convencer es a mis colegas economistas y no al público en general. En tales condiciones, el público, aunque bienvenido al debate, es sólo un curioso que observa el intento de un economista de hallar una solución a las grandes diferencias de criterio que existen entre él y los demás, y que, por ahora, han destruido casi toda la influencia práctica de la teoría económica y seguirán destruyéndola mientras no se llegue a un acuerdo.

La relación que hay entre esta obra y mi *Treatise on Money*, publicada hace cinco años, probablemente es más clara para mí que para los demás; y lo que en mi opinión representa una evolución natural de las ideas que he seguido por varios años, puede parecer a los lectores un confuso cambio de frente. Esta probabilidad no decrece por las alteraciones que me he visto obligado a hacer en la terminología del libro y que señalo en las páginas siguientes; pero la relación general entre ambos libros puede manifestarse en pocas palabras de la manera siguiente: cuando comencé a escribir mi *Treatise on Money* todavía seguía el cauce tradicional que considera la influencia del dinero como algo que debería tratarse separadamente de la teoría general de la oferta y la demanda. Al finalizarlo, había alcanzado algunos progresos en el sentido de aislar la teoría monetaria hasta convertirla en una teoría completa de la producción. Sin embargo, mi adhesión a las ideas preconcebidas se manifestaba en lo que, creo, constituye la falla principal de las partes teóricas de ese trabajo, en que no me dediqué lo bastante a los efectos de los cambios en el nivel de la producción. Mis llamadas "ecuaciones fundamentales" eran instantáneas fotográficas del sistema económico, tomadas en el supuesto de una producción determinada previamente. Con ellas trataba de demostrar de qué forma, partiendo de dicho supuesto, podían desarrollarse ciertas fuerzas que ocasionaban un desequilibrio de las ganancias, requiriendo así un cambio en el nivel de la producción. No obstante, la dinámica, por oposición a la fotografía instantánea, quedaba incompleta y extraordinariamente confusa. Esta obra, por otra parte, se ha convertido en lo que es: sobre todo, un estudio de las fuerzas que determinan los cambios en la escala de producción y de ocupación como un todo; y, si bien pienso que el dinero entra en el sistema económico de una manera esencial y especial, dejo en segundo plano los detalles monetarios técnicos. Veremos que una economía monetaria, ante todo, es aquella en que los cambios de opinión respecto al futuro son capaces de influir en el volumen de ocupación y no solamente en su dirección; pero nuestro método de analizar la conducta económica presente, bajo la influencia de los cambios de ideas respecto al porvenir, depende de la acción recíproca de la oferta y la demanda, y queda de esta manera ligada a nuestra teoría fundamental del valor. Así nos aproximamos a una teoría más general, que incluye como caso particular la teoría clásica que conocemos bien. El autor de un libro como este, que marca nuevos caminos, está sujeto en extremo a la crítica y a la discusión si desea evitar muchos errores indebidos. Es sorprendente el número de tonterías que se pueden creer temporalmente si uno se aísla demasiado tiempo del pensamiento de los demás, sobre todo en Economía (así como en las otras ciencias morales), en la que frecuentemente es imposible poner a prueba de manera definitiva las ideas propias, ya sea formal o experimentalmente. En este libro, he confiado, tal vez más que al escribir mi *Treatise on Money*, en los consejos constantes y la crítica constructiva del Sr. R. F. Kahn. Contiene muchas cosas que no habrían adquirido su perfil si no hubiera sido por sugerencia suya. También he recibido mucha ayuda de la señora Joan Robinson y de los señores R. G. Hawtrey y R. F. Harrod, quienes leyeron las pruebas de imprenta. El índice fue recopilado por el señor D. M. Bensusan-Butt de King's College, Cambridge. La redacción de este libro ha sido, para el autor, una prolongada lucha en la que trató de huir de las formas habituales de expresión, y así debe ser su estudio para la mayor parte de los lectores, si el intento del autor es exitoso, un forcejeo para huir de la tiranía de las formas de expresión y de pensamiento habituales. Las ideas aquí desarrolladas tan laboriosamente son en extremo sencillas y deberían ser obvias. La complicación estriba no en las ideas nuevas, sino en rehuir las viejas que entran rondando hasta el último pliegue del entendimiento de quienes se han educado en ellas, como la mayoría de nosotros.

J. M. Keynes
13 de diciembre de 1935

La teoría general

Titulé este libro *Teoría general de la ocupación, el interés y el dinero*, y recalco el término "general" con objeto de que dicha denominación sirva para contrastar mis argumentos y conclusiones con los de la teoría clásica, en la que me eduqué y que rige el pensamiento económico, tanto práctico como teórico, de los académicos y gobernantes de esta generación, dominio que ha mantenido durante los últimos cien años. He de sostener aquí que los postulados de la teoría clásica solo pueden aplicarse a casos especiales y no en general, dado que las condiciones que supone representan un caso extremo de todas las posiciones posibles de equilibrio. Más aún, las características de los casos especiales que supone la teoría clásica no se corresponden con los de la sociedad económica en la que vivimos hoy y por tal razón sus son engañosas y resultan un desastre si tratamos de aplicarlas a la realidad.

Los postulados de la economía clásica

La mayoría de los tratados sobre la teoría del valor y de la producción hablan, en primer lugar, de la distribución de un volumen dado de recursos empleados en diferentes usos, y de las condiciones que, supuesta la ocupación de dichos recursos, determinarán su remuneración relativa y el valor relativo de sus productos.

También se ha ceñido con frecuencia a un procedimiento descriptivo lo relativo a la suma de los recursos disponibles (se entiende por tal el volumen de población que puede tomar un empleo), los límites de la riqueza natural y el equipo de producción acumulado; pero no es habitual que se haya examinado detenidamente, en la teoría pura, la explicación de qué es lo que determina la ocupación real de los recursos disponibles. No puede decirse que jamás se ha considerado en absoluto, sería absurdo, por supuesto, pues todo estudio sobre los vaivenes de la ocupación —que han sido muchos—, ha tenido que ver con el tema. No quiero decir que no se haya tenido en cuenta, sino que la teoría fundamental en que descansa se ha creído tan sencilla y evidente que casi no había para qué mencionarla.

I

En mi opinión, la teoría clásica de la ocupación —que se presenta como sencilla y fácil— se basa en dos postulados fundamentales, que casi no se han discutido y son los siguientes:

I. El salario es igual al producto marginal del trabajo

Es decir, el salario real de alguien que trabaja es igual al valor que se perdería si la ocupación disminuyera en una unidad (después de deducir cualquier otro costo que se evitara con esta rebaja de la producción), de acuerdo esto, sin embargo, al requisito de que la igualdad puede trastornarse, según ciertos principios, si la competencia y los mercados son imperfectos.

II. La utilidad del salario, cuando se usa determinado volumen de trabajo, es igual a la desutilidad marginal de ese mismo volumen de ocupación

Es decir que el salario real de una persona ocupada es el que basta justamente (según la opinión de esta) para conseguir la ocupación del volumen de mano de obra realmente ocupado; esto queda sujeto a la condición de que la igualdad para cada unidad individual de trabajo (ecuación entre la utilidad del salario real y la desutilidad del trabajo) puede alterarse por combinaciones entre las unidades disponibles, de un modo similar a como las imperfecciones de la competencia condicionan el primer postulado. Por desutilidad se entiende cualquier motivo que induzca a un hombre o a un grupo de hombres a no trabajar antes que aceptar un salario que represente para ellos una utilidad inferior a determinado límite.

Este postulado es compatible con lo que se podría denominar "desocupación friccional" (o debida a resistencia), porque una interpretación realista admite legítimamente algunos desajustes, que se oponen a un estado de ocupación total continua; por ejemplo, la desocupación causada por un desequilibrio temporal de las cantidades relativas de recursos especializados, debido a cálculos erróneos o de intermitencias en la demanda; o bien, de retardos provocados por cambios imprevistos o a que la transferencia de hombres de una labor a otra no pueda efectuarse sin cierta dilación; de tal modo que, en una sociedad dinámica, siempre habrá algunos recursos no empleados por encontrarse "entre oficios sucesivos" (*between jobs*). El postulado es también compatible, además de con la desocupación friccional, con la desocupación "voluntaria" que surge de la negativa o incapacidad de una unidad de trabajo para aceptar una remuneración acorde con el valor del producto atribuible a su productividad marginal, debido a la legislación o las prácticas sociales, al agrupamiento para la contratación colectiva, a la lentitud para adaptarse a los cambios económicos o, simplemente, a consecuencia de la obstinación humana. Estas dos clases de desocupación son inteligibles, pero los postulados clásicos no admiten la posibilidad de una tercera, que definiré como "involuntaria".

Hechas estas aclaraciones, el volumen de recursos ocupados está claramente determinado, de acuerdo con la teoría clásica, por los dos postulados. El primero nos da la curva de demanda de ocupación y el segundo, la de la oferta; el volumen de ocupación se fija donde la utilidad marginal del producto compensa la desutilidad de la ocupación marginal. De esto se deduciría que sólo existen cuatro posibilidades de aumentar la ocupación:

a) una mejora en la organización o en la previsión que disminuya la desocupación "friccional";

b) una merma de la desutilidad marginal del trabajo, expresada por el salario real para el que todavía existe trabajo disponible, de manera que descienda la desocupación "voluntaria";

c) un incremento de la productividad marginal física del trabajo en las industrias que producen artículos para asalariados (para emplear el término adecuado del profesor Pigou que se aplica a los artículos de cuyo precio depende la utilidad del salario nominal); o

d) un aumento en el precio de los artículos para no asalariados, relativamente al de los que sí lo son; acompañado por un desplazamiento de los gastos de quienes no ganan salarios, de los artículos para asalariados a los otros artículos.

Esta es, según mi leal saber y entender, la esencia de la teoría de la desocupación del profesor Pigou —la única descripción pormenorizada que existe de la teoría clásica de la ocupación.

II

¿Es cierto que las categorías anteriores son inteligibles, dado que la población raras veces realiza la cantidad de trabajo que desearía con el salario corriente? Porque es necesario reconocer que, por regla general, si se solicitara, se contaría con más mano de obra al nivel existente de salario nominal. La escuela clásica reconcilia este fenómeno con su segundo postulado aduciendo que, mientras la demanda de mano de obra al nivel existente de salario nominal puede satisfacerse antes de que todos aquellos que quieran trabajar con estos salarios estén ocupados, tal situación se debe a un acuerdo tácito o explícito entre los trabajadores para no trabajar por menos y que, si todos los trabajadores admitieran una disminución de los salarios nominales crecería la ocupación. De ser así, tal desocupación, aunque aparentemente involuntaria, no lo sería en sentido estricto y debería incluirse en la clase de la desocupación "voluntaria", ocasionada por los efectos de la contratación colectiva, etc.

Este hecho obliga a realizar dos observaciones; la primera, referida a la actitud de los trabajadores hacia los salarios reales y a los nominales, respectivamente, no es teóricamente relevante, pero la segunda sí lo es.

Supongamos, por el momento, que los obreros no están dispuestos a trabajar por un salario nominal menor y que una disminución del nivel existente de salarios nominales provocaría, mediante huelgas o por cualquier otro medio, que parte de la mano de obra realmente ocupada se retirara del mercado. ¿Se deduce de aquí que el nivel presente de salarios reales da una medida precisa de la desutilidad marginal del trabajo? No necesariamente; porque, aunque una reducción en el nivel existente de salarios nominales diera como resultado el retiro de trabajo, no se desprende de ello que una baja en el valor del salario nominal, medido en artículos para asalariados, tendría los mismos efectos si se debiera a un alza en el precio de las mercancías respectivas. En otras palabras, puede suceder que, dentro de ciertos límites, lo que los trabajadores reclaman sea un mínimo de salario nominal y no del real. La escuela clásica ha supuesto tácitamente que esto no significa una variación importante en su teoría; pero no es así, porque si la oferta de mano de obra no es función del salario real como su única variable, su argumento se desploma enteramente y deja el problema de cuál va a ser la ocupación real. Los autores de esta escuela no parecen haberse percatado de que su curva de oferta de mano de obra se desplazará con cada movimiento de los precios, a menos que dicha oferta sea función dependiente sólo del salario real. Así, su método depende de sus suposiciones particulares y no puede adaptarse para examinar el caso más general. Ahora bien, la experiencia diaria nos dice, sin dudas, que, lejos de ser una mera posibilidad, aquella situación en que los trabajadores acuerdan (dentro de ciertos límites) un salario nominal y no real, es el caso normal. Si bien los trabajadores suelen resistirse a una disminución de su salario nominal, no es habitual que abandonen el trabajo cuando suben los precios de las mercancías para asalariados. Se dice algunas veces que sería ilógico que los trabajadores resistieran a una rebaja del salario nominal y no a otra del real. Por razones que comentamos más adelante y, afortunadamente, como veremos después, esto puede ser tan ilógico como parece a primera vista; pero lógica o no, esta es la conducta real de los obreros.

Más aún, el aserto de que la desocupación que caracteriza una depresión es causada por la negativa de los obreros a aceptar una disminución del salario nominal, no se apoya en hechos. No es muy exacto decir que el desempleo en Estados Unidos en 1932 tuvo su causa en la obstinada negativa de los trabajadores a aceptar una rebaja en los salarios nominales o a la tenaz demanda de un salario real superior al que ofrecía la productividad del sistema económico. Las variaciones que sufre el volumen de ocupación sin que haya ningún cambio aparente en las exigencias mínimas reales de los obreros ni en su productividad son amplias. Los trabajadores no son – ni mucho menos– más obstinados en la depresión que en el auge, ni decae su productividad física.

Estos hechos de la experiencia son, *prima facie*, una razón para poner en duda la propiedad del análisis clásico.

Sería interesante analizar los resultados de una investigación estadística acerca de las verdaderas relaciones entre los cambios del salario nominal y los del real. En el caso de una modificación privativa de una industria determinada uno podría esperar que la variación en los salarios reales se produjera en el mismo sentido que en los nominales; pero cuando hay alteraciones en el nivel general de los salarios, se encontrará, según creo, que la modificación de los reales, que va de la mano de los nominales, lejos de presentarse normalmente en el mismo sentido, casi siempre se producirá en el opuesto. Es decir, que cuando los salarios nominales aumentan, los salarios reales bajan; y que, cuando aquellos descienden, estos suben. Esta relación se debe a que, en un período corto, los salarios nominales descendentes y los reales ascendentes, cada uno de ellos por razones privativas, son fenómenos ligados a la disminución de la ocupación, porque aunque los obreros están más dispuestos a aceptar reducciones en su remuneración al bajar el empleo, los salarios reales suben inevitablemente, en las mismas circunstancias, dado el mayor rendimiento marginal de un equipo de capital determinado, cuando la producción decrece.

Si realmente fuera cierto que el salario real existente es un mínimo por debajo del cual no pudiera contarse en cualquier circunstancia con más trabajo que el empleado en la actualidad, no existiría la desocupación involuntaria, aparte de la friccional. Sería absurdo suponer, sin embargo, que siempre resulta de esta manera, porque en general no existe más mano de obra disponible que la ahora empleada al salario nominal vigente, aun cuando el precio de las mercancías para asalariados esté en alza y, en consecuencia, el salario real, bajando. Si esto resulta verdadero, la equivalencia de tales mercancías con el salario nominal existente no es una indicación precisa de la desutilidad marginal del trabajo, y el segundo postulado no es válido.

Existe otra objeción más importante. La idea de la que parte el segundo postulado es la de que los salarios reales de los obreros dependen de los contratos que estos acuerdan con los empresarios. Se admite, por supuesto, que dichos convenios se establecen de hecho en términos monetarios e, incluso, que los salarios reales que aceptan los obreros no son totalmente independientes del correspondiente salario nominal. Sin embargo, se toma este salario nominal, al que se ha llegado por dicho procedimiento, para determinar el real. La teoría clásica supone, de esta manera, que para los trabajadores siempre es posible reducir su salario real y aceptar una disminución en el nominal. La premisa de que el salario real tiende a equipararse con la desutilidad marginal del trabajo, supone claramente que los trabajadores están en posición de fijar por sí mismos su salario real, aunque no el volumen de ocupación que de él se deriva.

La teoría clásica sostiene, en resumidas cuentas, que los convenios sobre salarios entre empresarios y trabajadores determinan el salario real, de tal manera que, dando por hecho la libre competencia entre los patrones y ninguna combinación restrictiva entre los trabajadores, estos pueden, si así les parece, hacer coincidir sus salarios reales con la desutilidad marginal del trabajo resultante del empleo ofrecido por los empresarios con dicho salario. Si esto no es cierto, no queda ninguna razón para esperar que se dé una tendencia a la igualdad entre el salario real y la desutilidad marginal del trabajo.

No debe olvidarse que las conclusiones clásicas procuran ser aplicables al trabajo en su totalidad y no pretenden decir simplemente que un individuo aislado pueda obtener empleo aceptando una disminución de su salario nominal que sus compañeros rehúsan. Se suponen aplicables tanto a un sistema cerrado como a otro abierto y que no depende de las características de un sistema abierto, ni de los efectos de una disminución de los salarios nominales en un solo país sobre su comercio exterior, que está, por supuesto, completamente fuera del campo de este estudio. Tampoco se basan en las consecuencias indirectas de ciertas reacciones que una disminución de las nóminas de salarios en términos monetarios provoca en el sistema bancario y el estado del crédito, efectos que analizaremos detalladamente más adelante. Las conclusiones se basan en la creencia de que, en un sistema cerrado, una disminución en el nivel general de los salarios nominales irá acompañada, al menos en períodos cortos, y sujeta solo a salvedades de escasa relevancia, por cierta reducción de los salarios reales, que no siempre es proporcional.

Ahora bien, el supuesto de que el nivel general de los salarios reales depende de los convenios entre empresarios y trabajadores sobre la base de salarios nominales, no es cierto de manera evidente. En realidad, lo extraño es que los intentos realizados para demostrarlo o contradecirlo hayan sido tan débiles, porque está muy lejos de concordar con el sentido general de la teoría clásica, que nos ha enseñado a creer que los precios están determinados por el costo primo marginal, medido en dinero, y que los salarios nominales influyen de manera fundamental en dicho costo. Así, si salarios nominales varían, debería esperarse que la escuela clásica sostuviera que los precios cambiarían casi en la misma proporción, y quedaría el nivel de los salarios reales y el del desempleo prácticamente igual que antes, explicando que cualquier pequeña ganancia o pérdida del trabajo, recaería sobre las ganancias o de otros elementos del costo marginal, que no han sido tocados. Parece ser, sin embargo, que los clásicos se han desviado de este punto de vista, por un lado, debido a su arraigada convicción de que los obreros tienen la posibilidad de fijar su propio salario y, por otro, quizá, por la preocupación de que los precios dependen de la cantidad de dinero. La creencia en el principio de que los obreros siempre tienen la posibilidad de determinar su propio salario real, una vez aceptada, se ha sostenido porque se confunde con la aseveración de que siempre disponen de los medios para fijar qué salario real corresponderá a la ocupación plena, es decir, al volumen máximo de ocupación compatible con un salario real dado.

Para resumir: se plantean dos objeciones contra el segundo postulado de la teoría clásica. La primera se refiere a la conducta real de los obreros; una baja en los salarios reales debida a un aumento de los precios, permaneciendo iguales los nominales, no produce, por regla general, una disminución de la oferta de mano de obra disponible al nivel del salario corriente, por debajo del volumen de ocupación anterior al aumento de los precios. Suponer lo contrario equivale a admitir que todos aquellos que por el momento están desocupados, aunque deseosos de trabajar al salario corriente, retirarán su oferta de trabajo si el costo de la vida se eleva un poco. A pesar de todo, esta extraña hipótesis parece servir de base a la *Theory of Unemployment* del profesor Pigou y es la que todos los miembros de la escuela ortodoxa admiten tácitamente.

La otra y más importante objeción surge de nuestra inconformidad con el supuesto de que el nivel general de los salarios reales está directamente determinado por el carácter de los acuerdos sobre salarios. Al suponer tal cosa, la escuela clásica resbaló y cayó en una hipótesis ilícita; porque los trabajadores en su conjunto no pueden disponer de un medio que les permita hacer coincidir el equivalente del nivel general de los salarios nominales en artículos para asalariados, con la desutilidad marginal del volumen de ocupación existente. Es posible que no haya un procedimiento para que el trabajador pueda disminuir su salario real a una cantidad específica, revisando los convenios monetarios con los empresarios. Este será nuestro caballo de batalla e intentaremos demostrar que, en primer lugar, son otras las diversas fuerzas que definen el nivel general de los salarios reales. El esfuerzo por esclarecer este problema será una de nuestras mayores preocupaciones. Sostendremos que ha existido una confusión fundamental respecto de la forma en que opera en realidad a este respecto en la economía en que vivimos.

III

Aunque suele creerse que la lucha por los salarios monetarios entre individuos y grupos determina el nivel general de los salarios reales, de hecho tiene otra finalidad. Desde el momento que existe movilidad imperfecta del trabajo y que los salarios no tienden a producir igualdad precisa de ventajas netas para diferentes ocupaciones, cualquier individuo o grupo de individuos que consienta una disminución de sus salarios nominales en relación con otros, sufrirá una disminución relativa de sus salarios reales, lo que es suficiente razón para justificar su resistencia a ella. Por el contrario, sería impracticable oponerse a toda reducción de los salarios reales debida a un cambio en el poder adquisitivo del dinero, que afecta a todos los trabajadores por igual; y, de hecho, generalmente, no se opone resistencia a este tipo de fenómenos, a menos que sean extremos. Más aún, la resistencia a las reducciones en los salarios nominales, aplicada a determinadas industrias, no levanta la misma barrera insuperable a un aumento en la ocupación global, que resultaría de una oposición parecida a toda disminución de los salarios reales.

En otras palabras, la puja en torno a los salarios nominales afecta fundamentalmente a la distribución del monto total de salarios reales entre los distintos grupos de trabajadores y no a su promedio por unidad de ocupación, que depende, como se verá, de un conjunto de fuerzas diferentes. El efecto de la unidad de un grupo de trabajadores consiste en proteger su salario real relativo. El nivel general de los salarios reales depende de otras fuerzas del sistema económico.

De esta manera, tenemos la suerte de que los trabajadores, bien que inconscientemente, son instintivamente economistas más razonables que la escuela clásica en tanto que se resisten a permitir reducciones de sus salarios nominales, que nunca o rara vez son de carácter general; aun cuando el equivalente real existente de estos salarios supere la desutilidad marginal del volumen de ocupación correspondiente. Lo mismo que cuando, por otra parte, no se oponen a las reducciones del salario real que acompañan a los incrementos en el volumen total empleo, a menos que lleguen al extremo de amenazar con una reducción del salario real por debajo de la desutilidad marginal del volumen existente de ocupación. Todo sindicato resistirá de algún modo, pero como ninguno pensaría en declarar una huelga cada vez que aumente el costo de la vida, no presentan obstáculos a un incremento en el volumen total de ocupación, como lo pretende la escuela clásica.

IV

Definiremos ahora la tercera clase de desocupación, la llamada "involuntaria" en sentido estricto, cuya posibilidad de existencia no es admitida por la teoría clásica.

Cabe resaltar que por desocupación "involuntaria" no queremos referirnos a la mera existencia de una capacidad inagotable de trabajo. Una jornada de ocho horas no significa desocupación aunque no esté más allá de la capacidad humana de trabajar diez; ni tampoco consideraríamos como desocupación "involuntaria" el abandono del trabajo por un grupo de obreros porque les parezca mejor no trabajar que admitir menos de cierta remuneración. Más aún, será conveniente eliminar la desocupación "friccional" de nuestra definición, que queda, por tanto, de la siguiente manera: los hombres se encuentran involuntariamente sin empleo cuando, en el caso de que se produzca una pequeña alza en el precio de los artículos para asalariados, en relación con el salario nominal, tanto la oferta total de mano de obra dispuesta a trabajar por el salario nominal corriente como la demanda total de esta a dicho salario son mayores que el volumen de ocupación existente.

De esta definición se desprende que la igualdad entre el salario real y la desutilidad marginal de la ocupación, que presupone el segundo postulado, interpretado de modo realista, corresponde a la ausencia de la desocupación "involuntaria". Describiremos este estado de cosas como ocupación "plena", con la que son compatibles tanto la desocupación "debida a resistencias" como la "voluntaria". Esto está de acuerdo, como veremos, con otras particularidades de la escuela clásica, que más bien se considera como una teoría de la distribución en condiciones de pleno empleo. En la medida en que los postulados clásicos sean válidos, la desocupación, que en el sentido precedente es involuntaria, no puede existir. La desocupación aparente debe, por lo tanto, ser resultado de una pérdida temporal del trabajo del tipo de "cambio de un trabajo a otro" o de una demanda intermitente de factores altamente especializados, o del resultado de la cláusula de inclusión de un sindicato sobre la ocupación libre. Por eso, los escritores que siguen la tradición clásica, pasado por alto el supuesto especial en el que se basa su teoría, han llegado de manera inevitable a la conclusión, totalmente lógica de acuerdo con su hipótesis, de que la desocupación visible (salvo las excepciones admitidas) tiene que ser consecuencia, finalmente, de que los factores no empleados no acepten una remuneración que corresponda a su productividad marginal. Un economista clásico puede simpatizar con el trabajador cuando este se niega a aceptar una disminución de su salario monetario, y admitirá que puede no ser inteligente obligarle a atenerse a condiciones transitorias; pero la integridad científica lo fuerza a declarar que esta negativa es, a pesar de todo, el motivo último de la dificultad.

Evidentemente, sin embargo, si la teoría clásica solo puede aplicarse al caso de la ocupación plena, es una falacia aplicarla a los problemas de la desocupación involuntaria —si tal cosa existe (¿quién lo negará?)—. Los teóricos clásicos se parecen a los geómetras euclidianos en un mundo no euclidiano, quienes, al descubrir que en la realidad las líneas aparentemente paralelas se encuentran con frecuencia, las critican por no conservarse derechas —como único remedio para los desafortunados tropiezos que se producen—. No obstante, por cierto, no hay más remedio que deshacerse del axioma de las paralelas y elaborar una geometría no euclidiana. En la actualidad, la economía exige algo semejante; es necesario desechar el segundo postulado de la doctrina clásica y elaborar la teoría del comportamiento de un sistema en el cual sea posible la desocupación involuntaria en su sentido estricto.

V

Al hacer hincapié en nuestro punto de partida, distinto del sistema clásico, no debemos olvidar una concordancia importante, ya que mantendremos el primer postulado como hasta aquí, sujeto únicamente a las mismas correcciones hechas a la teoría clásica. Nos detendremos un momento a considerar lo que entraña.

Quiere decir que, con una determinada organización, equipo y técnica, los salarios reales y el volumen de producción (y, por ende, de empleo) están relacionados de una sola forma, de tal modo que, en términos generales, un aumento de la ocupación sólo puede ocurrir acompañado de una disminución de la tasa de salarios reales. Así, pues, no discuto este hecho vital que los economistas clásicos han considerado (razonablemente) como irrevocable. Con un estado conocido de organización, equipo y técnica, el salario real que gana una unidad de trabajo tiene una correlación única (inversa) con el volumen de empleo.

Por esta razón, si esta última aumenta, entonces, en períodos cortos, la remuneración por unidad de trabajo, medida en mercancías para asalariados, debe, generalmente, descender y las ganancias elevarse. Esta es simplemente la contracara de la proposición familiar que indica que normalmente la industria trabaja en condiciones de rendimientos decrecientes en períodos cortos, durante los cuales se supone que permanecen constantes el equipo, etc., de tal modo que el producto marginal de las industrias de artículos para asalariados (que determinan el salario real) necesariamente disminuye a medida que crece la ocupación. Sin duda, en la medida que esta proposición sea válida, cualquier medio de aumentar el empleo tiene que provocar al mismo tiempo una reducción del producto marginal y, en consecuencia, otra de la magnitud de los salarios, medida en dicho producto.

Pero una vez abandonado el segundo postulado, una merma en la ocupación, aunque necesariamente asociada con el hecho de que la mano de obra perciba un salario de valor igual a una cantidad mayor de bienes para asalariados, no se debe necesariamente a que dicha mano de obra demande mayor cantidad de tales bienes; y el que la mano de obra esté dispuesta a aceptar menores salarios nominales no es, por fuerza, un remedio al desempleo.

VI

Desde los tiempos de Say y Ricardo, los economistas clásicos han enseñado que la oferta crea su propia demanda —con lo que quieren decir, de manera señalada aunque no claramente definida, que el total de los costos de producción debe necesariamente gastarse por completo, directa o indirectamente, en comprar los productos—.

En los *Principles of Political Economy* de J. S. Mill, la doctrina está explícitamente expuesta:

Los medios de pago de los bienes son sencillamente otros bienes. Los medios de que dispone cada persona para pagar la producción consisten en los bienes que posee. Todos los vendedores son, inevitablemente y por el sentido mismo de la palabra, compradores. Si pudiéramos duplicar repentinamente las fuerzas de producción de un país, duplicaríamos en el mismo acto la oferta de bienes en todos los mercados; pero al mismo tiempo duplicaríamos el poder adquisitivo. Todos ejercerían una demanda y una oferta dobles; todos podrían adquirir el doble, ya que tendrían dos veces más para ofrecer en cambio.

Como conclusión de la misma doctrina, se supuso que cualquier acto individual de abstención de consumir lleva necesariamente a que el trabajo y los bienes retirados de esta manera de la provisión del consumo se inviertan en la producción de riqueza en forma de capital y equivale a lo mismo. El siguiente párrafo de *Pure Theory of Domestic Values*, de Marshall explica el punto de vista tradicional:

El ingreso total de una persona se gasta en la compra de bienes y servicios. Es cierto que, por lo general, se dice que hay quien gasta parte de su ingreso y ahorra la otra; pero es un axioma económico reconocido que el hombre compra trabajo y bienes con la parte de su ingreso que ahorra, de la misma manera que lo hace con la que gasta. Se dice que gasta cuando intenta obtener satisfacción presente de los bienes y servicios que adquiere, y que ahorra cuando el trabajo y los bienes que compra los dedica a la producción de riqueza de la cual espera originar, a su vez, medios de satisfacción en el futuro.

Es verdad que no sería fácil citar párrafos semejantes en las obras posteriores de Marshall o de Edgeworth o del profesor Pigou. Actualmente, la doctrina no se expone en forma tan cruda, pero, sin embargo, es el soporte de la teoría clásica en conjunto, ya que sin él esta se derrumbaría. Los economistas contemporáneos, que podrían dudar en estar de acuerdo con Mill, no vacilan en aceptar conclusiones que requieren su doctrina como premisa. La versión moderna de la teoría clásica consiste en el convencimiento, frecuente, por ejemplo en casi todos los trabajos del profesor Pigou, de que el dinero no trae consigo diferencias reales, salvo las propias de la fricción, y de que la teoría de la producción y el empleo pueden elaborarse (como la de Mill) como si se basaran en los cambios "reales" y con el dinero introducido superficialmente en un capítulo posterior. El pensamiento contemporáneo está todavía muy impregnado de la idea de que si la gente no gasta su dinero de una manera lo hará de otra. Ciertamente, los economistas de la posguerra rara vez logran sostener este punto de vista con firmeza, dado que su pensamiento actual está excesivamente atravesado por la tendencia contraria y los hechos de la experiencia, no concuerdan con su opinión anterior; pero no han obtenido consecuencias de bastante alcance, ni han modificado su teoría fundamental.

En primer lugar, estas conclusiones pueden haberse aplicado a la economía en la que vivimos en la actualidad por falsa analogía con alguna de trueque, como la de Robinson Crusoe, en la cual los ingresos que los individuos consumen o retienen como resultado de su actividad productiva son, real y exclusivamente, la producción en especie resultante de dicha actividad. Pero, más allá de esto, la conclusión de que los costos de producción se cubren siempre globalmente con los productos de las ventas derivadas de la demanda, es muy aceptable, porque resulta difícil diferenciarla de otra proposición similar, que es indudable: la de que el ingreso global percibido por todos los conformantes de la comunidad relacionados con una actividad productiva necesariamente tiene un valor igual al valor de la producción.

De la misma manera, es natural suponer que todo acto de un individuo que lo enriquece sin que aparentemente quite nada a otro debe también enriquece a todo el conjunto de la comunidad; de tal modo que (como en el párrafo de Marshall que se acaba de citar) un acto de ahorro individual conduce inevitablemente a otro, paralelo, de inversión, porque, una vez más, es indudable que la suma de los aumentos netos de la riqueza de los individuos debe ser exactamente igual al total del incremento neto de riqueza de la comunidad.

Sin embargo, quienes piensan así se engañan, como resultado de una ilusión óptica, que hace a dos actividades esencialmente distintas parecer iguales. Caen en una falacia al suponer que existe un eslabón que liga las decisiones de abstenerse del consumo presente con las que proveen al consumo futuro, siendo así que los motivos que determinan las segundas no tienen una relación simple con los determinantes de las primeras.

Por lo tanto, el supuesto de la igualdad entre el precio de la demanda y el de la oferta de la producción total es el que debe tenerse en cuenta como el "axioma de las paralelas" de la teoría clásica. Aceptado esto, todo lo demás se deduce fácilmente: las ventajas sociales de la frugalidad privada o nacional, la actitud tradicional hacia la tasa de interés, la teoría clásica de la desocupación, la teoría cuantitativa del dinero, las ventajas evidentes del *laissez faire* con respecto al comercio exterior y muchas otras cosas que habremos de poner en tela de juicio.

VII

En distintas partes hemos hecho depender la teoría clásica, sucesivamente, de los siguientes supuestos:

1) Que el salario real es igual a la desutilidad marginal de la ocupación existente;

2) Que no existe la desocupación involuntaria en sentido riguroso;

3) Que la oferta crea su propia demanda en el sentido de que el precio de la demanda global es igual al precio de la oferta global para cualquier nivel de producción y de empleo.

Estos tres supuestos, no obstante, quieren decir lo mismo, en el sentido de que todos subsisten o se desmoronan juntos, pues cualesquiera de ellos supone lógicamente a los otros dos.

El principio de la
demanda efectiva

I

Antes que nada, es necesario adelantar el significado de algunos términos que más tarde serán definidos con precisión. Cuando la técnica, los recursos y los costos corresponden a una situación determinada, la ocupación de un volumen dado de mano de obra hace que el empresario incurra en dos clases de gastos: primero, las cantidades que paga a los factores de la producción (con exclusión de los otros empresarios) por sus servicios habituales, a los que denominaremos "costo de factores" del volumen de ocupación de que se trate; y segundo, las sumas que abona a otros empresarios por lo que les compra, juntamente con el sacrificio que hace al emplear su equipo en vez de dejarlo inactivo, a lo que llamaremos "costo de uso" del nivel de ocupación dado. El excedente de valor que da la producción resultante sobre la suma del costo de factores y el costo de uso es la ganancia, o, como lo denominaremos, el "ingreso" del empresario. Por supuesto, el costo de factores es lo mismo que lo que los factores de la producción cuentan como su ingreso, pero desde el punto de vista del empresario. De este modo, el costo de factores y las ganancias del empresario, juntos, dan lo que llamaremos "ingreso total" derivado del empleo suministrado por el empresario. Las ganancias empresariales definidas de esta manera, deben ser, y son, la cantidad que intenta elevar al máximo cuando decide qué volumen de empleo ofrecerá. Conviene algunas veces, desde el punto de vista del empresario, denominar "producto" de la ocupación al ingreso global (es decir, costo de factores más ganancias) que resulta de un volumen dado de esta. Por otra parte, el precio de la oferta global de la producción resultante de dicho volumen específico es precisamente la expectativa de los resultados que se espera obtener y que hará costeable a los empresarios otorgar dicha ocupación.

De esto se desprende que, dados la técnica, los recursos y el costo de factores por unidad de empleo, el monto de este último, tanto para cada empresa individual como para la industria en conjunto, depende del producto que los empresarios esperan recibir de la producción correspondiente; porque estos se esforzarán por fijar el volumen de empleo al nivel del cual esperan recibir la diferencia máxima entre el importe del producto y el costo de los factores.

Sea Z el precio de oferta global de la producción que resulta del empleo de N hombres, y la relación entre ambos símbolos $Z = \Phi (N)$, que puede llamarse "función de la oferta global". Nombremos D al importe del producto que los empresarios esperan recibir con el empleo de N hombres, y a la relación correspondiente, $D - f (N)$, "función de la demanda global".

Ahora bien, si para cierto valor de N el monto que se espera recibir es mayor que el precio de la oferta global, es decir, si D es mayor que Z, habrá un estímulo para los empresarios en cuanto a aumentar la ocupación por encima de N y, si es preciso, elevar los costos y competir entre sí por los factores de la producción, hasta el valor de N en que Z es igual a D. De este modo, el volumen de ocupación está determinado por la intersección de la función de la demanda global y la función de oferta global, dado que es en este punto donde las expectativas de ganancia del empresario alcanzan el máximo. El valor de D en el punto de intersección de la función de demanda global con la función de oferta global se llamará "demanda efectiva".

Por otra parte, la doctrina clásica, que acostumbraba expresarse de manera categórica con el enunciado "la oferta crea su propia demanda", y el cual sigue siendo el sostén de toda la teoría ortodoxa, implica un supuesto especial respecto de la relación entre estas dos funciones, porque "la oferta crea su propia demanda" debe querer decir que f (N) y Φ (N) son iguales para todos los valores de N, es decir, para cualquier volumen de producción y empleo; y que cuando hay un aumento en $Z = \Phi$ (N) correspondiente a otro en N, $D = f$ (N) crece necesariamente en la misma cantidad que Z. La teoría clásica supone, dicho de otro modo, que el precio de la demanda global (o producto de las ventas) se ajusta siempre por sí mismo al precio de la oferta global, de tal modo que cualquiera que sea el valor de N, el producto D adquiere un valor igual al del precio de la oferta global Z que corresponde a N. Es decir, que la demanda efectiva, en lugar de tener un valor de equilibrio único, es una escala infinita de valores, todos ellos igualmente admisibles, y que el volumen de empleo es indeterminado, salvo en la medida en que la desutilidad del trabajo señale un límite superior.

Si esto fuera cierto, la competencia entre los empresarios conduciría siempre a un aumento del empleo hasta el punto en que la oferta en su conjunto deje de ser elástica, es decir, cuando un nuevo incremento en el valor de la demanda efectiva ya no fuera acompañado por un crecimiento de la producción. Evidentemente, esto equivale a la ocupación plena. Anteriormente dimos una definición de esta en términos de la conducta de los obreros; una alternativa, aunque equivalente, es el que ahora hemos alcanzado, o sea, aquella situación en que la ocupación total es inelástica frente a un incremento en la demanda efectiva de la producción correspondiente. De este modo el principio de Say, según el cual el precio de la demanda global de la producción en conjunto es igual al precio de la oferta global para cualquier volumen de producción, equivale a decir que no existe obstáculo para la ocupación plena. Sin embargo, si esta no es la verdadera ley respecto de las funciones globales de la demanda y la oferta, hay un capítulo de importancia esencial en la teoría económica que todavía no se ha escrito y sin el cual son vanos todos los estudios relativos al volumen de la ocupación global.

II

Quizá un breve resumen de la teoría del empleo ayude al lector en esta etapa, aun cuando tal vez no sea completamente entendible. Los términos usados se aclararán con mayor cuidado en su momento. En este resumen supondremos que el salario nominal y el costo de los otros factores son constantes por unidad de trabajo empleado; pero esta simplificación, que luego desecharemos, se emplea únicamente para facilitar la exposición. El carácter sustancial del argumento es exactamente igual, sin que importe que los salarios nominales, etc., sean o no susceptibles de modificarse. El bosquejo de nuestra teoría puede expresarse como sigue: cuando aumenta la ocupación aumenta también el ingreso global real de la comunidad; la psicología de esta, es tal que cuando el ingreso real aumenta, el consumo total crece, pero no tanto como el ingreso. De aquí que los empresarios resentirían una pérdida si el aumento total del empleo se destinara a satisfacer la mayor demanda de artículos de consumo inmediato. En consecuencia, para justificar cualquier cantidad dada de ocupación, debe existir cierto volumen de inversión que baste para absorber el excedente que arroja la producción total sobre lo que la comunidad decide consumir cuando la ocupación se encuentra en dicho nivel; porque, a menos que exista este volumen de inversión, los ingresos de los empresarios serán menores que los requeridos para inducirlos a ofrecer la cantidad de empleo de que se trate. Se deduce, por lo tanto, que, dado lo que llamaremos la "inclinación a consumir de la comunidad", el nivel de equilibrio de la ocupación, es decir, el nivel que no induce a los empresarios en conjunto a aumentar o reducir el empleo, dependerá de la magnitud de la inversión corriente. El monto de esta dependerá, a su vez, de lo que denominaremos el "incentivo para invertir", que, como luego se verá, depende de la relación entre la curva de eficiencia marginal del capital y el complejo de las tasas de interés para préstamos de diversos plazos y riesgos.

Así, dada la tendencia a consumir y la tasa de nueva inversión, sólo puede existir un nivel de empleo compatible con el equilibrio, ya que cualquier otro produciría una desigualdad entre el precio de la oferta global de la producción en conjunto y el precio de su demanda global. Este nivel no puede ser mayor que el de la ocupación plena, es decir, el salario real no puede ser menor que la desutilidad marginal del trabajo; pero no existe razón, en lo general, para esperar que sea igual a la ocupación plena. La demanda efectiva que trae consigo la plena ocupación es un caso especial que sólo se realiza cuando la inclinación a consumir y el aliciente para invertir se encuentran en una relación mutua particular. Esta relación particular, que corresponde a los supuestos de la teoría clásica, es, en cierto sentido, una relación óptima; pero sólo será posible cuando, por accidente o por designio, la inversión corriente provea un volumen de demanda exactamente igual al excedente del precio de la oferta global de la producción resultante del pleno empleo, sobre lo que la comunidad decidirá gastar en consumo cuando la ocupación se encuentre en ese estado.

Esta teoría puede resumirse en las siguientes proposiciones:

1) En determinada situación de la técnica, los recursos y los costos, el ingreso (tanto monetario como real) depende del volumen de ocupación N.

2) La relación entre el ingreso de la comunidad y lo que se puede esperar que gaste en consumo, designada por D1, estará en función de las características psicológicas de la comunidad, que llamaremos su "inclinación a consumir". Es decir, que el consumo dependerá del nivel de ingreso global y, por tanto, del nivel de ocupación N, salvo cuando se produce algún cambio en la inclinación a consumir.

3) El volumen de trabajo N que los empresarios deciden emplear depende de la suma (D) de dos cantidades, es decir, D1, la suma que se espera que gastará la comunidad en consumo, y

D2, la que se espera que destinará a nuevas inversiones. D es lo que antes hemos llamado "demanda efectiva".

4) Desde el momento que $D1 + D2 - D = \Phi$ (N), en donde Φ es la función de la oferta global, y como, según hemos visto en 2), D1 es función de N, que puede escribirse χ (N), de acuerdo con la inclinación a consumir, se desprende que Φ (N) $- \chi$ (N) = D2.

5) De aquí se deduce que, en equilibrio, el volumen de ocupación depende: a) de la función de la oferta global, Φ; b) de la inclinación a consumir, χ; y c) del volumen de inversión, D2. Esta es la esencia de la teoría general de la ocupación.

6) Para cada valor de N hay una productividad marginal que corresponde a la mano de obra en las industrias de artículos para asalariados, la que determina el salario real. El párrafo 5) está sujeto, por tanto, a la condición de que N no puede exceder aquel valor que reduce el salario real hasta igualarlo con la desutilidad marginal de la mano de obra. Esto nos dice que no todos los cambios en D son compatibles con nuestro supuesto provisional de que los salarios nominales son constantes. Por esta razón, será necesario, para realizar una exposición más completa de nuestra teoría, desechar esta hipótesis.

7) En la teoría clásica, según la cual $D - \Phi$ (N) para todos los valores de N, el volumen de ocupación está en equilibrio neutral en todos los casos en que N sea inferior al máximo, de manera que puede esperarse que la fuerza de la competencia entre los empresarios lo eleve hasta dicho valor máximo. Sólo en este punto, según la teoría clásica, puede existir equilibrio estable.

8) Cuando la ocupación aumenta, D2 hará lo propio, pero no tanto como D, dado que cuando el ingreso sube, el consumo lo hace también, pero menos. La clave de nuestro problema práctico radica en esta ley psicológica, porque de aquí se desprende que cuanto mayor sea el volumen de empleo, más grande será la diferencia entre el precio de la oferta global (Z) de la producción correspondiente y la suma

(D2) que los empresarios esperan recuperar con los gastos de los consumidores. Por tanto, si no se producen cambios en la inclinación a consumir, el empleo no puede aumentar, a menos que al mismo tiempo D, crezca en tal forma que llene la diferencia creciente entre Z y D1. Por consiguiente, el sistema económico puede encontrar en sí mismo un equilibrio estable con N a un nivel inferior a la ocupación completa, es decir, al nivel dado por la intersección de la función de demanda global y la función de oferta global —excepto en los supuestos especiales de la teoría clásica, según los cuales actúa alguna fuerza que, cuando la ocupación aumenta, siempre hace que D2 suba lo suficiente para cubrir la distancia creciente que separa a Z de D1.

El volumen de empleo no está, pues, determinado por la desutilidad marginal del trabajo, medida en salarios reales, excepto cuando la oferta disponible de mano de obra para una magnitud dada de salarios reales indique un nivel máximo a la ocupación. La inclinación a consumir y el coeficiente de inversión nueva determinan, entre ambos, el volumen de ocupación, y este está ligado únicamente a un nivel determinado de salarios reales —no al revés—. Si la inclinación a consumir y el coeficiente de inversión nueva devienen en una insuficiencia de la demanda efectiva, el volumen real de ocupación disminuirá hasta quedar por debajo de la oferta de mano de obra potencialmente disponible al actual salario real, y el salario real de equilibrio será mayor que la desutilidad marginal del nivel de equilibrio de la ocupación de equilibrio.

Este análisis nos ofrece una explicación de la paradoja de la pobreza en medio de la abundancia, porque la simple existencia de una demanda efectiva insuficiente puede hacer —y a menudo lo hace—, que el aumento de ocupación se detenga antes de que haya sido alcanzado el nivel de ocupación plena. La insuficiencia de la demanda efectiva detendrá el proceso de la producción aunque el producto marginal de la mano de obra supere todavía en valor a la desutilidad marginal de la ocupación.

Más aún, cuanto más rica sea la comunidad, mayor tenderá a ser la distancia que separa su producción real de la potencial y, por tanto, más obvios y atroces los defectos del sistema económico; porque una comunidad pobre estará propensa a consumir la mayor parte de su producción, de manera que una inversión modesta será suficiente para lograr la ocupación completa; en tanto que una comunidad rica tendrá que descubrir oportunidades de inversión mucho más amplias para que la propensión al ahorro de sus miembros más acaudalados sea compatible con la ocupación de los más pobres. Si en una comunidad potencialmente rica el incentivo para la inversión es débil, entonces, a pesar de su riqueza potencial, la actuación del principio de la demanda efectiva la llevará a disminuir su producción real hasta que, a pesar de dicha riqueza potencial, haya llegado a ser tan pobre que sus excedentes sobre el consumo se hayan reducido lo bastante para coincidir con la debilidad del incentivo para invertir.

Pero falta lo peor: no solamente es más débil la propensión marginal a consumir en una comunidad rica, sino que, debido a que su acumulación de capital es ya grande, las oportunidades para nuevas inversiones son menos atractivas, a no ser que la tasa de interés baje lo bastante de prisa, lo cual nos lleva a la teoría del interés y a los motivos por los cuales no baja automáticamente al nivel apropiado.

En esta forma, el análisis de la inclinación a consumir, la definición de eficiencia marginal del capital y la teoría de la tasa de interés son las tres lagunas principales de nuestros conocimientos actuales, que debemos llenar. Cuando esto se haya logrado, veremos que la teoría de los precios ocupa su lugar apropiado como subsidiaria de nuestra teoría general. Notaremos después, sin embargo, que el dinero desempeña una función esencial en nuestra teoría de la tasa de interés y procuraremos desentrañar las características peculiares del dinero, que lo distinguen de otras cosas.

La inclinación a consumir
I. Los factores objetivos

I

Podemos ya dedicar nuestra atención al tema principal. El objetivo final de nuestro análisis es descubrir lo que determina el volumen de empleo. Ya definimos la conclusión preliminar de que el volumen de empleo está determinado por el punto de intersección de la función de oferta global con la función de demanda global. La función de oferta global, sin embargo, que depende principalmente de las condiciones físicas de la oferta, conlleva pocas consideraciones que no sean ya familiares. La forma puede ser poco conocida, pero los factores que existen en el fondo no son nuevos.

La función de demanda global relaciona cualquier nivel dado de empleo con los "productos" (importes) de ventas que se esperan de este. Los "productos" (importes) se forman de la suma de dos cantidades –la que se gastará en consumir cuando la ocupación está a cierto nivel y la que se dedicará a la inversión–. Los factores que definen estas dos cantidades son muy diferentes. En este libro analizamos los primeros, es decir, los que determinan la suma que se gastará en consumo cuando la ocupación está a determinado nivel; y luego trataremos de los que fijan la suma que se destinará a la inversión.

Como en esta parte nos interesa determinar qué suma se gastará en consumir cuando la ocupación está a cierto nivel, deberíamos, hablando en sentido estricto, tener en cuenta la función que relaciona la primera cantidad (C) con la segunda (N). Es más conveniente, sin embargo, operar con una función algo distinta, es decir, la que liga el consumo, medido en unidades de salario (Cs), con el ingreso en términos de unidades de salario (Ys), correspondiente a un nivel dado de ocupación N. Esto está sujeto a la objeción de que Ys no es función única de N, que es igual en cualquier circunstancia, porque la relación entre Ys, y N puede depender (aunque posiblemente en un grado mucho menor) de la naturaleza precisa de la ocupación. Es decir, dos distribuciones distintas de una ocupación total determinada (N) entre diversas ocupaciones (debido a la forma diferente de las funciones de empleo individual) podrían conducir a diferentes valores de Ys. En coyunturas posibles, debería hacerse una asignación especial para este factor; pero, en general, es un buen acercamiento considerar Ys, como si estuviera determinado solamente por N. Por lo tanto, definiremos lo que hemos denominado la "inclinación a consumir" como la relación funcional χ entre Ys, un nivel de ingreso dado, medido en unidades de salario, y Cs, el gasto que para el consumo se toma de dicho nivel de ingreso, de modo que Cs = χ (Ys), ó C = S · χ (Ys).

La suma que la comunidad gasta en consumo depende de manera evidente, de 1) el monto de su ingreso, 2) otras circunstancias objetivas que lo acompañan, y 3) las necesidades subjetivas y las inclinaciones psicológicas y hábitos de los individuos, así como de los principios según los cuales se divide el ingreso entre ellos (lo que puede sufrir variaciones según crece la producción). Las razones que llevan a gastar reaccionan entre sí y un intento de clasificarlas corre el peligro de caer en una falsa división. Para aclarar ideas, será útil, sin embargo, pensarlas separadamente bajo dos títulos diferentes que denominaremos "factores subjetivos" y "factores objetivos". Los primeros incluyen las características psicológicas de la naturaleza humana y las prácticas e instituciones sociales que, si bien no son inmutables, no presentan probabilidades de padecer cambios sustanciales en períodos cortos, excepto en circunstancias anormales o revolucionarias. En una investigación histórica, o al comparar un sistema social con otro diferente, es necesario tener en cuenta la forma en que los cambios en los factores subjetivos puedan afectar la inclinación a consumir; pero, por lo general, supondremos en adelante que los factores subjetivos se conocen, y también que la inclinación a consumir depende solamente de los cambios en los factores objetivos.

II

Los principales factores objetivos que influyen en la inclinación a consumir parecen ser los siguientes:

1) Un cambio en la unidad de salario. El consumo (C) es evidentemente más bien una función del ingreso real (en cierto sentido) que del ingreso monetario. En una situación dada de la técnica, los gustos y las condiciones sociales que determinan la distribución del ingreso, el ingreso real de una persona ascenderá y descenderá con la cantidad de unidades de trabajo de que puede disponer, es decir, con el monto de su ingreso medio en unidades de salario; aunque, cuando el volumen total de producción varía, su ingreso real subirá menos que proporcionalmente a su ingreso medido en unidades de salario (debido a la influencia de los rendimientos decrecientes). Por lo tanto, como primera aproximación, podemos pensar razonablemente que, si la unidad de salario cambia, el gasto en consumo correspondiente a un nivel dado de ocupación cambiará, como los precios, en la misma proporción; aunque en ciertas circunstancias, tal vez, deberíamos tener en cuenta las posibles reacciones que las variaciones en la distribución de un ingreso real dado entre empresarios y rentistas tendrían sobre el consumo total, a resultas de un cambio en la unidad de salario. Más allá de esto, ya hemos considerado los cambios

en la unidad de salario al definir la inclinación a consumir en términos de ingreso, medido en dichas unidades.

2) Un cambio en la diferencia entre ingreso e ingreso neto. Ya vimos antes que el monto del consumo está en función del ingreso neto más que del ingreso simplemente, ya que, por definición, es el que el hombre tiene a la vista, principalmente, cuando decide la escala en que ha de consumir. En una situación determinada, puede existir cierta relación estable entre los dos, en el sentido de que habrá una función única que relacione los distintos niveles de ingreso con los correspondientes de ingreso neto. Sin embargo, si este no fuera el caso, la parte de cualquier variación del ingreso que no se refleje en el ingreso neto debe desestimarse, pues no tendrá efecto sobre el consumo; y de manera semejante debe ser tenida en cuenta la posibilidad de un cambio en el ingreso neto, no manifestado en el ingreso. Salvo en circunstancias especiales, sin embargo, dudo de la importancia práctica de este factor.

3) Variaciones imprevistas en el valor de los bienes de capital, no considerados al calcular el ingreso neto. Estas tienen importancia mayor para modificar la inclinación a consumir, desde el momento en que no guardan relación estable o regular con el monto del ingreso. El consumo de las clases propietarias de riqueza puede ser extraordinariamente sensible a cambios imprevistos en el valor monetario de la riqueza. Esto debería considerarse entre los factores más importantes que pueden provocar cambios a la corta en la inclinación a consumir.

4) Cambios en la tasa de descuento del futuro, es decir, en la relación de cambio entre los bienes presentes y los futuros. Esto no es precisamente lo mismo que la tasa de interés, ya que toma en consideración los cambios futuros en el poder adquisitivo del dinero, en la medida en que son previstos. También se debe tener en cuenta toda clase de riesgos, tales

como la probabilidad de no vivir para gozar los bienes futuros o la de una tributación confiscatoria. A modo de aproximación, sin embargo, puede identificarse con la tasa de interés.

La influencia de este factor sobre la propensión de gastos que se hacen con un ingreso dado se presta a muchas dudas. Para la teoría clásica de la tasa de interés, que tuvo como base la noción de que la tasa de interés era el factor que ponía en equilibrio la oferta y la demanda de ahorros, era conveniente suponer que el gasto en consumo es, *ceteris paribus*, negativamente sensible a los cambios en la tasa de interés de modo tal que cualquier alza de esta disminuiría perceptiblemente el consumo. Se ha aceptado desde hace mucho, no obstante, que el efecto total de Las variaciones en la tasa de interés sobre la inclinación a gastar en consumo presente es compleja e incierta, según las tendencias en pugna, ya que algunos de los motivos subjetivos para ahorrar se satisfarán con más fácilmente si la tasa de interés sube, en tanto que otros se debilitarán. En un ciclo largo, es probable que los cambios sustanciales en la tasa de interés tiendan a modificar los hábitos sociales de manera considerable, afectando así la inclinación subjetiva a gastar – aunque resulta difícil decir en qué sentido, salvo después de haberlo indicado la experiencia–. Sin embargo, no es probable que la clase usual de fluctuaciones a corto plazo en la tasa de interés tenga mucha influencia directa sobre los gastos en tal o cual dirección. No hay mucha gente que modifique su manera de vivir porque la tasa de interés baje de 5% a 4% si su ingreso global es igual al de antes; pero, indirectamente, pueden presentarse otros efectos, aunque no todos en la misma dirección. Quizá la influencia más importante, que funciona mediante cambios en la tasa de interés sobre la disposición para gastar fondos provenientes de un ingreso dado, sea el efecto de estos cambios sobre la apreciación o la depreciación de los valores y otros bienes, porque si un hombre disfruta de un incremento inesperado en el valor de su capital, es natural que las razones que lo estimulan para gastar actualmente se fortalezcan, incluso cuando, desde el punto de vista de su ingreso, dicho capital no sea más valioso que antes, y se debiliten si está experimentando pérdidas de capital. Pero en el párrafo 3 ya hemos previsto esta influencia indirecta. Fuera de esto, el corolario más importante sugerido por la experiencia es, según entiendo, que la influencia a corto plazo de la tasa de interés sobre los gastos individuales hechos con un determinado ingreso es secundaria y carece relativamente de importancia, salvo, quizá, cuando se presenten cambios excepcionalmente grandes. Cuando la tasa de interés desciende mucho, el aumento de la proporción entre una renta vitalicia que puede comprarse por una suma dada y el interés anual de esta última puede, sin embargo, proveer una fuente importante de ahorro negativo al fortalecer la práctica de prevenirse para la vejez por medio de la adquisición de una renta vitalicia.

Quizá debería también clasificarse bajo este título la situación anormal en que la inclinación a consumir puede estar intensamente afectada por el desarrollo de una incertidumbre extrema relativa al futuro y lo que con este pueda venir.

5) Cambios en la política fiscal. En la medida en que la inclinación del individuo a ahorrar dependa de los futuros rendimientos que espera, es claro que está ligada, no solamente a la tasa de interés, sino también a la política fiscal del gobierno. Los impuestos sobre el ingreso, especialmente cuando gravan al ingreso "no ganado", los impuestos sobre las ganancias del capital, los impuestos sobre herencias y otros semejantes, son tan importantes como la tasa de interés; en tanto que el alcance de las posibles variaciones en la política fiscal puede ser mayor, en las previsiones por lo menos, que el de la tasa misma. Si la política fiscal se usa como un instrumento deliberado para conseguir la mayor igualdad en la

distribución de los ingresos, su efecto sobre el crecimiento de la inclinación a consumir es, por supuesto, tanto mayor.

Debemos también tener en cuenta el impacto sobre la inclinación global a consumir, cuando el gobierno reserva fondos de los impuestos ordinarios para el pago de deudas; porque esto representa una especie de ahorro social, de manera que una política que procura crear grandes fondos de reserva debe considerarse, en determinadas circunstancias, como reductora de la inclinación a consumir. Este es el motivo por el cual un cambio de frente de la política gubernamental, que pasa de la aceptación de deudas a la creación de fondos de reserva (o viceversa), puede provocar una contracción importante (o notable ampliación) de la demanda efectiva.

6) Variaciones en las expectativas acerca de la relación entre el nivel presente y el futuro del ingreso. Debemos catalogar este factor en aras de la integridad formal; pero si bien puede afectar de forma considerable la inclinación a consumir de un individuo, es probable que, para la comunidad en su conjunto, se neutralice. Además, por regla general, es un problema que provoca demasiada incertidumbre como para que pueda ejercer una influencia considerable.

Llegamos, entonces, a la conclusión de que, en una determinada situación, la inclinación a consumir puede considerarse como una función bastante estable, siempre que hayamos eliminado las variaciones en la unidad de salario en términos de dinero. (Los cambios imprevistos en el valor de los bienes de capital pueden hacer variar la inclinación a consumir, y las modificaciones sustanciales en la tasa de interés y en la política fiscal pueden provocar cierta diferencia; pero los otros factores objetivos que pudieran afectarla, si bien no deben desdeñarse, no es probable que cobren importancia en circunstancias ordinarias).

El hecho de que, dada la situación económica general, el gasto en consumo en términos de unidades de salario depende principalmente del volumen de la producción y ocupación justifica que consideremos los otros factores en la función general, "inclinación a consumir"; porque mientras los demás pueden cambiar (y esto no debe olvidarse) el ingreso total medido en unidades de salario es, por regla general, la principal variable de que depende el elemento consumo de la función de demanda global.

III

Aceptando, pues, que la inclinación a consumir es una función bastante estable, de tal manera que, por lo general, el monto del consumo, en conjunto, depende principalmente del volumen de ingreso total (los dos medidos en unidades de salario), y considerando las variaciones en la inclinación misma como de importancia secundaria ¿cuál es la forma normal de esta función?

Podemos basarnos con total confianza en la ley psicológica esencial que, tanto a priori, partiendo de nuestro conocimiento de la naturaleza humana como de la experiencia, dice que los hombres están dispuestos, por regla general y en promedio, a acrecentar su consumo a medida que su ingreso aumenta, aunque no tanto como el crecimiento de su ingreso. Esto significa que si C_s es el monto del consumo e Y_s el ingreso (ambos calculados en unidades de salario), ΔC_s tiene el mismo signo que ΔY_s, pero su magnitud es menor, es decir, dC_s es positivo y menor que la unidad dY_s. Especialmente esto es así cuando pensamos en períodos cortos, como en el caso conocido con el nombre de "fluctuaciones cíclicas de la ocupación", durante las cuales los hábitos, a diferencia de otras inclinaciones psicológicas más permanentes, no cuentan con tiempo suficiente para adaptarse a los cambios en las circunstancias objetivas: porque la norma de vida habitual de un hombre es generalmente lo que prima sobre la distribución de su ingreso y puede ahorrar la diferencia que haya entre su ingreso real y los gastos habituales para su nivel de vida; o bien, si ajusta sus gastos a las alteraciones en sus ingresos, lo hará de manera imperfecta en períodos cortos. De esta manera, un ingreso creciente irá con frecuencia acompañado de un ahorro mayor; y un ingreso en descenso, de un ahorro menor, en mayor escala al principio que después.

Pero fuera de los cambios de período corto en el nivel del ingreso, también es ostensible que un nivel absoluto mayor de ingresos se inclinará, por regla general, a ensanchar la brecha que existe entre el ingreso y el consumo; porque la satisfacción de las necesidades primarias inmediatas de un hombre y su familia es, por lo general, una razón más fuerte que las relativas a la acumulación, que solo predominan efectivamente cuando se ha llegado a cierto margen de comodidad. Estas razones impulsarán casi siempre a ahorrar una mayor proporción del ingreso cuando el ingreso real aumenta. Pero consideramos como regla psicológica fundamental de cualquier sociedad actual, se ahorre o no una proporción mayor, que, cuando su ingreso real va en aumento, su consumo no crecerá en una suma absoluta igual, de tal modo que tendrá que ahorrarse una suma absoluta mayor, a menos que simultáneamente se produzca un cambio desusado en los otros factores. Como se verá más adelante, la estabilidad del sistema económico depende básicamente de que esta regla funcione en la práctica. Esto quiere decir que si la ocupación y, por lo tanto, el ingreso total aumentan, no toda la ocupación adicional se requerirá para satisfacer las necesidades del consumo adicional. Por otra parte, un descenso del ingreso, debido a una disminución en el nivel de ocupación, si se profundiza, puede incluso ser motivo de que el consumo exceda a los ingresos, no solamente debido a que ciertos individuos o instituciones utilicen las reservas financieras que hayan acumulado en mejores tiempos, sino también el gobierno, que podrá caer, de buena o mala gana, en un déficit presupuestario o intentará algún alivio a la desocupación, por ejemplo, accediendo a préstamos de dinero. Así, cuando la ocupación desciende a un nivel bajo, el consumo total disminuirá en proporción menor de lo que haya descendido el ingreso real, debido a la conducta usual de los individuos y también a la política probable de los gobiernos; lo cual explica por qué es posible alcanzar a menudo una nueva posición de equilibrio con una fluctuación de pequeña amplitud. De no ser así, el descenso en la ocupación y el ingreso, una vez iniciado, podría llegar muy lejos.

Este fundamento simple conduce, como se verá, a la misma conclusión que antes, a saber, que la ocupación solamente puede aumentar *pari passu* con un crecimiento de la inversión, a menos, por supuesto, que se produzca un cambio en la inclinación a consumir; porque desde que los consumidores gasten menos de lo que importa el alza del precio de oferta total cuando la ocupación es mayor, el aumento de esta dejará de ser costeable, salvo si hay aumento en la inversión para llenar la brecha.

IV

No debemos subestimar la importancia del hecho, mencionado anteriormente, de que, mientras la ocupación es función del consumo y la inversión previstos, el consumo es, *ceteris paribus*, función del ingreso neto, es decir, la inversión neta (siendo el ingreso neto igual al consumo más la inversión neta). En otras palabras, cuanto mayor sea la reserva financiera que se crea necesario separar antes de considerar el ingreso neto, tanto menos favorable será para el consumo y, por lo tanto, para la ocupación, un nivel determinado de inversión.

Cuando toda esta reserva financiera (o costo suplementario) se gasta de hecho en el mantenimiento del equipo productor existente, no es probable que esto se olvide; pero cuando
excede al gasto real de conservación, los resultados prácticos,
en lo que respecta a sus efectos sobre la ocupación, no siempre
se aprecian; porque el monto de este excedente ni da origen
de modo directo a una inversión corriente ni se encuentra disponible para dedicarlo al consumo. Tiene, por lo tanto, que,
equilibrarse con nuevas inversiones, cuya demanda ha surgi-
do de manera totalmente independiente del desgaste actual
del equipo viejo para el que se ha hecho la reserva financiera;
con el efecto de que la nueva inversión disponible para proveer el ingreso actual desciende paralelamente y se torna necesaria una demanda más fuerte para nuevas inversiones, de
manera que sea posible alcanzar un nivel dado de ocupación.
Aún más, en gran parte, se aplican iguales consideraciones a
la partida relativa a desgaste incluida en el costo de vida, en la
medida en que aquel no se enmiende en realidad.

Consideremos, por ejemplo, una casa que sigue siendo
habitable hasta que es demolida o abandonada. Si de la renta
anual pagada por los inquilinos se descuenta cierta suma de
su valor, que el propietario no gasta en su mantenimiento ni
considera como ingreso neto disponible, para el consumo, esta
reserva, ya sea parte de U o de V, constituye una traba para la
ocupación durante todo el tiempo que dure la casa, que des-
aparece de inmediato cuando esta tiene que ser reconstruida.

En una economía estacionaria quizá no valiera la pena
comentar todo esto, ya que en cada año los márgenes de tolerancia para la depreciación, con respecto a las casas viejas,
quedarían compensados exactamente por las casas nuevas
que se construyeran en sustitución de las que llegan al fin de
su vida cada año; pero tales factores pueden ser de mucha
importancia en una economía no estática, especialmente
durante el período que sigue de inmediato a un vigoroso

brote de inversión de capital a largo plazo; porque en tales circunstancias gran parte de las nuevas partidas de inversión puede ser absorbida por las mayores reservas financieras que hacen los empresarios para reparar y renovar el equipo de producción existente, el cual, aunque se desgasta con el tiempo, todavía no ha llegado a la fecha en que deben hacerse gastos que puedan aproximarse al total de la reserva financiera que se aparta; con el resultado de que los ingresos no pueden subir por encima de un nivel lo suficientemente bajo como para corresponder a un total pequeño de inversión neta. De esta manera, los fondos de amortización, etc., pueden restar a los consumidores capacidad para gastar mucho antes de que entre en juego la demanda de gastos de reposición (que dichas reservas anticipan); es decir, hacen descender la demanda efectiva corriente y sólo la incrementan en el año en que se hace la reposición. Si los efectos de esto se agravan con la "prudencia financiera", es decir, con el hecho de pensarse que es aconsejable "amortizar" el costo inicial con mayor rapidez que el desgaste real del equipo, el resultado acumulativo puede ser muy serio.

Por ejemplo, hacia 1929, en Estados Unidos, la veloz expansión de capital en los cinco años previos había conducido acumulativamente a constituir fondos de amortización y márgenes de depreciación en tan gran escala con relación al equipo que no necesitaba ser renovado, que se requirió un descomunal volumen de inversiones completamente nuevas sólo para absorber estas reservas financieras; y llegó a ser casi imposible encontrar todavía más inversiones nuevas en tal escala como para absorber el ahorro nuevo que una sociedad opulenta y con ocupación plena hubiera estado dispuesta a realizar. Este único factor bastó probablemente para ocasionar una depresión y, más todavía, como la "prudencia financiera" de esta clase continuó ejerciéndose a través de la presión por aquellas grandes sociedades que todavía eran capaces de soportarla, el hecho ofreció un obstáculo serio para la pronta recuperación.

El consumo –para repetir lo evidente– es el único objetivo y fin de la actividad económica. Las oportunidades de ocupación están limitadas necesariamente por la extensión de la demanda total. Esta puede únicamente derivarse de nuestro consumo presente o de nuestras reservas para el consumo venidero. El consumo a que podemos proveer en forma costeable por adelantado no puede aumentarse indefinidamente en el futuro. No podemos, como sociedad, proveer al consumo futuro por medio de expedientes financieros, sino solamente mediante la producción física corriente. En la medida que nuestra organización social y económica aparta reservas financieras para el futuro, de la provisión física para entonces, de modo que los esfuerzos para asegurar las primeras no arrastran necesariamente con ellas a la segunda, la prudencia financiera estará expuesta a la eventualidad de ocasionar una disminución de la demanda total y de estorbar así el bienestar, como lo atestiguan muchos ejemplos. Más todavía, cuanto mayor sea la provisión que por adelantado hayamos hecho para el consumo, más grande será la dificultad para encontrar algo más para lo cual proveer y más fuerte nuestra dependencia del consumo presente como fuente de demanda. Pero cuanto mayores sean nuestros ingresos, más grande, desgraciadamente, es el margen entre ellos y nuestro consumo. De modo que, a falta de algún nuevo expediente, no hay, como veremos, forma de resolver el problema, excepto que ha de haber suficiente desocupación para que seamos tan pobres que nuestro consumo se distinga de nuestros ingresos en sólo el equivalente de la provisión física para el consumo futuro que resulte costeable producir en el presente.

Podemos enfocar el problema de otro modo: el consumo se satisface de forma parcial con objetos producidos en la actualidad y, en parte, con los producidos con anterioridad, es decir, con la desinversión. En la medida en que el consumo se satisfaga por esta última, se presenta una contracción de la demanda actual, ya que en la misma medida deja de tomar su rumbo como parte del ingreso neto una fracción de los gastos presentes. Por lo contrario, siempre que se produzca un objeto durante el ciclo, con la intención de satisfacer el consumo más adelante, se pone en movimiento una expansión de la demanda corriente. Ahora bien, toda inversión de capital está destinada a resolverse, tarde o temprano, en desinversión de capital. Por tanto, el problema de conseguir que las nuevas inversiones de capital rebasen siempre de la desinversión de capital en la medida necesaria para llenar la laguna que separa el ingreso neto y el consumo, presenta una dificultad creciente a medida que se acrecienta el capital. Las nuevas inversiones de este sólo pueden realizarse como sobrante de su desinversión actual si se espera que los gastos futuros en consumo aumenten. Cada vez que alcanzamos el equilibrio presente incrementando la inversión estamos agravando la dificultad de asegurar el equilibrio del futuro. Una inclinación a consumir decreciente en la actualidad, sólo puede adaptarse al provecho público si se espera que algún día haya una inclinación mayor a consumir. Esto nos trae a la memoria la fábula de las abejas —los alegres de mañana son indispensables como razón de ser de los graves de hoy.

Es llamativo y digno de mención que el pensamiento popular parece advertir esta última perplejidad sólo por lo que se refiere a las inversiones públicas, como en el caso de la construcción de un ferrocarril, de casas o algo semejante. Se presenta habitualmente como objeción a los planes para incrementar la ocupación por medio de inversiones patrocinadas por las autoridades públicas la de que así se está generando una dificultad para el porvenir. "¿Qué haremos —se pregunta— cuando hayamos construido todas las casas, caminos, casas consistoriales, centros distribuidores de energía eléctrica, sistemas de suministro de agua y otras cosas por el estilo, que se espera que puede necesitar la población estacionaria del futuro?". Pero no se entiende con similar facilidad que el mismo inconveniente se produce con las inversiones privadas y la expansión industrial; especialmente con la última, desde el momento en que es mucho más simple advertir la rápida saturación de la demanda de fábricas y equipos nuevos, que por separado absorben poco dinero, que la demanda de casas habitación.

El obstáculo que se presenta a un claro entendimiento de esto, en los ejemplos mencionados, parece estar –como sucede en muchas discusiones académicas sobre el capital– en una apreciación incorrecta del hecho de que el capital no es una entidad que sobreviva por sí misma con independencia del consumo. Por lo contrario, cada debilitamiento en la inclinación a consumir, considerada como costumbre permanente, tiene que hacer flaquear la demanda de capital al igual que la de consumo.

La inclinación a consumir:
II. Los factores subjetivos

I

Veremos ahora la segunda clase de factores que influyen en el monto del consumo realizado con cierto ingreso, o sea aquellos alicientes subjetivos y sociales que determinan lo que se ha de gastar, de acuerdo con el volumen total del ingreso medido en unidades de salarios y dados también los principales factores objetivos que ya se examinaron. Pero, como el estudio de estos factores no demuestra novedad alguna, tal vez sea suficiente realizar una relación de los más importantes, sin extenderse más allá en considerarlos.

Existen, en general, ocho motivos u objetivos importantes de carácter subjetivo que compelen a los individuos a abstenerse de gastar sus ingresos:

1) Constituir una reserva frente a posibles imprevistos.

2) Proveer para una anticipada relación futura entre el ingreso y las necesidades del individuo y su familia, distinta de la que existe en la actualidad, como, por ejemplo, por lo que respecta a la vejez, la educación familiar o el sostenimiento de quienes dependen de uno.

3) Gozar del interés y la apreciación, es decir, que se prefiera un consumo real mayor en fecha futura que un consumo inmediato menor.

4) Disfrutar de un gasto paulatinamente creciente, ya que la perspectiva de un nivel de vida que mejore gradualmente complace más al instinto normal que lo contrario; incluso cuando la capacidad de satisfacción vaya decreciendo.

5) Gozar de una sensación de independencia y del poder de hacer cosas, aun sin idea clara o intención definida de acción específica.

6) Asegurarse una *masse de manoeuvre* (masa de maniobra) para emprender proyectos especulativos o de negocios.

7) Legar una fortuna.

8) Satisfacer la pura avaricia, es decir, inhibirse, de modo irracional pero insistente de actos de gasto como tales.

Podríamos llamar a estos ocho motivos: precaución, previsión, cálculo, mejoramiento, independencia, empresa, orgullo y avaricia; e, incluso, podríamos proponer una lista correspondiente de motivos para consumir, tales como disfrute, imprevisión, generosidad, error, ostentación y extravagancia. Además de los ahorros acumulados por individuos, también existe esa gran proporción de ingreso, variable quizá entre uno y dos tercios de la acumulación total en una sociedad industrial moderna, tal como Gran Bretaña o Estados Unidos, que retienen los gobiernos centrales o locales, las instituciones y sociedades de negocios por motivos muy semejantes pero no idénticos a los que impulsan a los individuos; los principales son los cuatro siguientes:

1) El motivo empresa: asegurar recursos que permitan realizar mayores inversiones de capital sin tener que caer en deudas ni obtener más capital del mercado.

2) El motivo liquidez: asegurar recursos líquidos para enfrentar emergencias, dificultades y depresiones.

3) El motivo mejoramiento: asegurar un ingreso en crecimiento paulatino que, de manera incidental, pueda proteger a la gerencia contra la crítica, ya que el incremento del ingreso debido a la acumulación rara vez se distingue del crecimiento de este, debido a la eficacia.

4) El motivo prudencia financiera y el afán de sentirse seguro: constituyendo una reserva financiera que exceda del costo de uso y del suplementario, de tal modo que se amortice

la deuda y se recupere el costo del activo adelantándose y no atrasándose en relación con la tasa real de desgaste y obsolescencia, según la fuerza de este motivo principalmente de la cantidad y el carácter del equipo productor y la rapidez de los cambios en la técnica.

En concordancia con estos motivos que favorecen la retención de parte del ingreso y lo retiran del consumo, a veces funcionan también motivos que ocasionan un excedente del consumo sobre el ingreso. Algunos de los motivos de ahorro positivo, clasificados previamente como factores que influyen en los individuos, tienen su contrapartida en el ahorro negativo en fecha posterior, como sucede, por ejemplo, con el ahorro hecho para abastecer las necesidades de la familia o la vejez. Sería mejor considerar como ahorro negativo el subsidio a la desocupación financiado por préstamos.

Ahora bien, la fuerza de todos estos motivos variará muchísimo, según las instituciones y la organización de la sociedad económica, que supongamos, según los hábitos construidos por la raza, la educación, los convencionalismos, la religión y las corrientes morales; según las esperanzas y la experiencia, según el grado y técnica del equipo productor y según la distribución de la riqueza y los niveles de vida establecidos. En el cuerpo de este libro, sin embargo, no trataremos los resultados de los cambios sociales de largo alcance ni de los efectos lentos del progreso secular, salvo en digresiones accidentales. Esto significa que daremos por sentado el fundamento principal de los motivos subjetivos para ahorrar y consumir, respectivamente. En la medida en que la distribución de la riqueza esté determinada de un modo más o menos permanente por la estructura social de la comunidad, esto puede, de la misma manera, considerarse como un factor sujeto sólo a los cambios lentos y en largos períodos, lo que podemos dar por supuesto en el contexto.

II

Por lo tanto, ya que la base principal de los incentivos subjetivos y sociales varía lentamente, en tanto que las influencias a corto plazo de las alteraciones en la tasa de interés y los demás factores objetivos son, con frecuencia, de importancia secundaria llegamos a la conclusión de que (los cambios a la corta en el consumo dependen en su mayor parte de las modificaciones del ritmo con que se ganan los ingresos (medidas en unidades de salarios) y no de los cambios en la inclinación a consumir una parte de estos.

Sin embargo, debemos prevenirnos contra una confusión. Lo dicho anteriormente significa que la influencia de los cambios moderados en la tasa de interés sobre la inclinación a consumir es generalmente leve. Esto no significa que los cambios en la tasa de interés tengan solamente una influencia exigua sobre las cantidades que realmente se ahorran y se consumen; todo lo contrario. La influencia de variaciones en la tasa de interés sobre el monto que realmente se ahorra es de importancia sustancial, pero se ejerce en dirección contraria a la que generalmente se supone; porque incluso cuando la atracción de un ingreso futuro mayor, debido a una tasa de interés más alta tenga como resultado disminuir la inclinación a consumir, podemos estar seguros, no obstante, de que un alza de esta dará por resultado una reducción del monto ahorrado realmente. Esto es así porque el ahorro total está determinado por la inversión total; un alza en la tasa de interés (a menos que esté contrarrestada por un cambio correspondiente en la curva de demanda de inversión) hará descender la inversión; de aquí que un incremento en la tasa debe tener el efecto de disminuir los ingresos a un nivel tal que los ahorros desciendan en la misma proporción que la inversión; como los ingresos bajarán en una suma absoluta mayor que la inversión, es indudable que, cuando la tasa de interés ascienda, la de consumo descienda; pero significa que por ello habrá un mayor margen para el ahorro; por lo contrario, ambos (ahorro y gastos) decrecerán.

En consecuencia, aunque un ascenso en la tasa de interés fuera razón de que la sociedad ahorrara más con un ingreso determinado, podemos estar completamente seguros de que dicha elevación de la tasa de interés (suponiendo que no se produzca cambio alguno favorable en la curva de demanda de inversión) hará disminuir la suma global real de los ahorros. Siguiendo el mismo argumento, podríamos averiguar en qué proporción hará descender los ingresos, *ceteris paribus*, una elevación de la tasa de interés; porque los ingresos tendrán que bajar (o ser redistribuidos) en el monto exacto que se requiere, con la inclinación a consumir existente, para hacer bajar los ahorros en la misma cantidad en que el ascenso en la tasa de interés hará bajar las inversiones, con la eficacia marginal existente del capital.

El aumento en la tasa de interés podría inducirnos a ahorrar más, si nuestros ingresos permanecieran invariables; pero si la tasa elevada de interés demora la inversión, nuestros ingresos no se mantendrán ni podrán seguir inalterables. Por fuerza tienen que disminuir hasta que la descendente capacidad para ahorrar haya compensado lo suficiente el estímulo correspondiente provocado por la mayor tasa de interés. Cuanto más virtuosos seamos, cuanto más resueltamente frugales y más obstinadamente ortodoxos en nuestras finanzas personales y nacionales, tanto más tendrán que disminuir nuestros ingresos cuando el interés suba relativamente a la eficiencia marginal del capital. La obstinación sólo puede conllevar un castigo y no una recompensa, porque el resultado es inevitable.

Por lo tanto, después de todo, las tasas reales de ahorro y gasto totales no dependen de la precaución, la previsión, el cálculo, el mejoramiento, la independencia, la empresa, el orgullo o la avaricia. La virtud y el vicio no tienen nada que ver con ellos; todo depende de hasta dónde sea favorable a la inversión la tasa de interés, después de tener en cuenta la eficiencia marginal del capital. No, esto es una exageración. Si la tasa de interés estuviera dirigida de tal modo que sostuviera continuamente la plena ocupación, la virtud recobraría su dominio; el coeficiente de acumulación de capital dependería de la flaqueza de la inclinación a consumir. De esta manera y una vez más, el tributo que los economistas clásicos le ofrendan se debe a su encubierto supuesto de que la tasa de interés está siempre manejada de tal modo.

La inclinación marginal a consumir y el multiplicador

La ocupación solamente puede aumentar *pari passu* con la inversión. Ahora, podemos avanzar un poco más con esta idea; porque, en determinadas circunstancias, puede instaurarse una relación definida, que llamaremos el "multiplicador", entre los ingresos y la inversión y, sujeta a ciertas simplificaciones, entre la ocupación total y la ocupación directamente dedicada a inversiones (a la que llamaremos "ocupación primaria"). Este nuevo paso es parte integrante de nuestra teoría de la ocupación, ya que, dada la inclinación a consumir, establece una relación precisa entre la ocupación y el ingreso totales y la tasa de inversión. El concepto del multiplicador fue primeramente introducido en la teoría económica por R. F. Kahn en su artículo sobre "The Relation of Home Investment to Unemployment" (*Economic Journal*, junio de 1931). Su razonamiento en este texto dependía de la idea fundamental de que, si la inclinación a consumir en varias circunstancias hipotéticas (juntamente con otras condiciones) se da por conocida y entendemos que las autoridades monetarias u otras públicas tomen medidas para motivar o retardar la inversión, la variación en el monto de la ocupación será función del cambio neto en el volumen de inversión; y pretendía sentar principios generales para calcular la relación cuantitativa real entre un aumento de la inversión neta y el incremento de la ocupación total que le acompañará. Antes de llegar al multiplicador, sin embargo, será conveniente incluir aquí el concepto de inclinación marginal a consumir.

Las oscilaciones en el ingreso real que se consideran en este libro son las que resultan de aplicar diferentes cantidades de ocupación (es decir, de unidades de trabajo) a un equipo determinado de producción, de tal modo que el ingreso real se incrementa y disminuye con el número de unidades de trabajo empleadas. Si, como suponemos en términos generales, hay un rendimiento decreciente en el margen a medida que el número de unidades de trabajo empleadas en el equipo dado de producción es mayor, el ingreso, medido en unidades de salarios, aumentará más que proporcionalmente con relación al volumen de la ocupación, que, a su vez, se elevará más que en proporción al crecimiento del ingreso real medido (si tal cosa es posible) en unidades de producto. Sin embargo, el ingreso real estimado de esta manera y el ingreso calculado en unidades de salarios crecerán y disminuirán juntos (a la corta, cuando el equipo productor no cambia virtualmente). Así, pues, como cabe que no pueda medirse numéricamente con precisión el ingreso real, estimado en productos, será conveniente, con frecuencia, tener en cuenta el ingreso en unidades de salarios (Ys) como un índice adecuado de las variaciones en el ingreso real. En ciertos casos, no debemos olvidar el hecho de que, en general, Ys crece y disminuye en mayor proporción que el ingreso real; pero, en otros, la circunstancia de que estos siempre se elevan y descienden juntos, los hace prácticamente intercambiables.

Nuestra ley psicológica normal de que, cuando el ingreso real de la comunidad ascienda o descienda, su consumo crecerá o disminuirá, pero no tan de prisa, puede, por lo tanto, traducirse —por supuesto que no con total precisión, sino sujeto a salvedades obvias y que pueden demostrarse fácilmente y de modo formal completo— por las proposición de que ΔCs y ΔYs, tienen el mismo signo, pero que ΔYs es mayor que ΔCs, en donde Cs es el consumo medido en unidades de salarios. Definamos, por lo tanto, $\frac{dCs}{dYs}$ como la inclinación marginal a consumir.

Esta cantidad es de considerable importancia, porque nos dice cómo se dividirá el siguiente aumento de la producción entre consumo e inversión; porque $\Delta Ys = \Delta Cs + \Delta Is$, donde ΔCs y ΔIs son los incrementos del consumo y la inversión; de modo que nos es posible escribir $\Delta Ys = k\,\Delta Is$, en donde $1 - \frac{1}{k}$ es igual a la inclinación marginal a consumir.

Denominemos a k "multiplicador de inversión". Este nos indica que, cuando existe un incremento en la inversión total, el ingreso aumentará en una cantidad que es k veces el incremento de la inversión.

II

El multiplicador de Kahn es algo distinto a este; es lo que podemos denominar el "multiplicador de ocupación", designado por k', ya que mide la relación del aumento de ocupación total derivado de un ascenso determinado en la ocupación primaria, en las industrias de inversión. Es decir, si el aumento de la inversión ΔIs provoca otro de la ocupación primaria ΔNs en las industrias de inversión, el incremento de la ocupación total será $\Delta N = k'\,\Delta Ns$.

No hay razón, en términos generales, para suponer que $k - k'$; porque no es presunción necesaria que las características de las partes que interesan de las funciones de oferta global de diferentes tipos de industrias sean tales que la proporción del aumento de ocupación en uno de los grupos de industrias respecto del crecimiento de la demanda que haya despertado, será igual que en el otro grupo. Es simple, verdaderamente, imaginar casos como, por ejemplo, aquel en que la inclinación marginal a consumir sea muy distinta de la inclinación media, en los que existiría una presunción a favor de cierta desigualdad entre $\frac{\Delta Ys}{\Delta N}$ y $\frac{Is}{\Delta Ns}$, ya que habría variaciones proporcionales muy divergentes en las demandas de los artículos de consumo y los de inversión, respectivamente. Si queremos considerar tales posibles diferencias en las características de la parte pertinente de las funciones de oferta global para los dos grupos de industrias, respectivamente, no hay problema alguno en reconstruir el siguiente argumento en su forma más generalizada; pero para aclarar las ideas que comprende, convendrá trabajar con el caso simplificado en el que k = k'.

Se desprende, por tanto, que, si la psicología de consumo de la sociedad es tal que esta decide consumir, por ejemplo, nueve décimos de un aumento del ingreso, entonces el multiplicador k es igual a 10 y la ocupación total producida (por ejemplo) por el incremento de las obras públicas, será diez veces superior a la ocupación primaria proporcionada por estas, suponiendo que no exista disminución de las inversiones en otras direcciones. El aumento de la ocupación sólo quedará restringido a la ocupación primaria suministrada por las obras públicas en el caso de que la sociedad sostuviera su consumo sin variantes a pesar de la mejoría en la ocupación y, por lo tanto, en el ingreso real. Si, por otra parte, opta por consumir el total de cualquier aumento del ingreso, no habrá punto de estabilidad y los precios aumentarán sin límite. Si hacemos supuestos psicológicos normales, un crecimiento de la ocupación solamente irá seguido por un descenso del consumo si al mismo tiempo se presenta un cambio en la inclinación a consumir —como resultado, por ejemplo, de una propaganda en tiempo de guerra a favor de restringir el consumo individual—; y, sólo en este caso, el aumento de la ocupación en las industrias de inversión será acompañado por una repercusión desfavorable sobre la ocupación en las industrias que producen para el consumo.

Esto solamente resume en una fórmula lo que debería ser ya evidente para el lector en términos generales. No puede producirse un incremento de la inversión medido en unidades de salario, a menos que el público esté decidido a aumentar sus ahorros, computados en las mismas unidades. Hablando llanamente, el público no hará esto a menos que su ingreso total en unidades de salario esté en alza. De esta manera, cualquier esfuerzo por consumir una parte de sus ingresos acrecentados estimulará la producción hasta que el nuevo nivel (y distribución) de los ingresos ofrezca un margen de ahorro suficiente para que corresponda a la inversión aumentada. El multiplicador nos dice cuánto habrá de crecer la ocupación para ocasionar un aumento en el ingreso real suficiente para impulsar al público a realizar ahorros extraordinarios y esto es función de sus inclinaciones psicológicas. Si el ahorro es la medicina y el consumo es la mermelada, el extra de esta última tiene que ser proporcional al tamaño de la medicina adicional. A menos que las inclinaciones psicológicas del público sean distintas de las que suponemos, establecimos aquí la ley de que el crecimiento de ocupación, debido a la inversión debe alentar necesariamente a las industrias que trabajan para el consumo y así provocar un aumento total de la ocupación, que es un múltiplo del empleo primario exigido por la inversión misma.

Se desprende de lo dicho que, si la inclinación marginal a consumir no está lejos de la unidad, las pequeñas oscilaciones en la inversión provocarán grandes fluctuaciones en la ocupación; pero, al mismo tiempo, un aumento comparativamente pequeño de las inversiones producirá la ocupación plena. Si, por otra parte, la inclinación marginal a consumir no está muy por encima de cero, las pequeñas oscilaciones en la inversión ocasionarán las correspondientes pequeñas fluctuaciones en la ocupación; pero, al mismo tiempo, puede requerirse un gran aumento de las inversiones para provocar ocupación plena. En el primer caso, la desocupación involuntaria sería una enfermedad fácil de curar, aunque probable fuente de molestias si se permitiera su desarrollo. En el otro caso, la ocupación puede ser menos variable, pero estar sujeta a estabilizarse en un nivel bajo y mostrarse recalcitrante ante cualquier medida salvo las más drásticas. En la realidad, la inclinación marginal a consumir parece hallarse comprendida entre ambos extremos, aunque mucho más cercana a la unidad que a cero; con el resultado de que nos encontramos, en cierto sentido, en lo peor de los dos mundos supuestos, porque las oscilaciones en la ocupación son considerables y, al mismo tiempo, el aumento de la inversión que se precisa para producir ocupación plena es demasiado grande para poderse manejar con facilidad. Por desgracia, las fluctuaciones han bastado para evitar que la naturaleza del mal se haga patente, en tanto que su gravedad es tal que no puede solucionarse a menos que se comprenda su naturaleza.

Cuando se logra la plena ocupación, cualquier tentativa de aumentar la inversión pondrá en movimiento una mayor tendencia de los precios a subir sin limitación, independientemente de la inclinación marginal a consumir, esto es, nos hallamos frente a un estado de inflación verdadera. En esta situación, sin embargo, el aumento de los precios irá acompañado de un incremento del ingreso global real.

III

Hasta aquí hemos hecho referencia al incremento neto de la inversión. Por consiguiente, si deseamos aplicar lo dicho sin correcciones a los efectos (por ejemplo) del aumento de las obras públicas, deberemos suponer que no hay ningún contrapeso en forma de inversiones decrecientes en otras direcciones –y también, por supuesto, que no se presenta ningún cambio en la inclinación a consumir de la comunidad–. En el artículo antes citado, Kahn se interesaba principalmente por los contrapesos que deberíamos tener en cuenta al tener estas probabilidades de ser importantes y por sugerir estimaciones cuantitativas; porque en un caso real, intervienen varios factores, además de algún aumento concreto de una determinada inversión que componen parte del resultado final. Si, por ejemplo, un gobierno emplea 100.000 hombres adicionales en obras públicas y el multiplicador (tal como se definió antes) es 4, no se puede pensar sin exponerse a error que la ocupación total aumentará en 400.000; porque la nueva política puede tener reacciones desfavorables sobre la inversión en otras direcciones.

Parece (según Kahn) que los factores que se debe tener más cuidado en no olvidar en una sociedad moderna son los siguientes:

1) El método de financiar la política, y el mayor volumen de efectivo que impone el incremento de la ocupación y el alza de los precios que lo acompaña, puede tener el efecto de hacer subir la tasa de interés y retardar así la inversión en otras direcciones, a menos que las autoridades monetarias tomen providencias en contrario; en tanto que, al mismo tiempo, el aumento en el costo de los bienes de capital reduce su eficacia marginal para el inversionista privado, lo que requerirá una baja real en la tasa de interés para equilibrarla.

2) Siguiendo la confusa psicología que suele primar, el programa del gobierno puede, a través de sus efectos sobre la "confianza", aumentar la predilección por la liquidez o disminuir la eficiencia marginal del capital, lo que, a su vez, puede demorar otras inversiones, a menos que se tomen medidas para evitarlo.

3) En un sistema abierto, con relaciones de comercio exterior, parte del multiplicador de la inversión acrecentada beneficiará a la ocupación en países extranjeros, ya que cierta proporción del incremento en el consumo, reducirá la balanza exterior desfavorable de nuestro propio país; de manera que si consideramos solamente el efecto sobre la ocupación nacional, por oposición a la mundial, tenemos que reducir la cifra del multiplicador. Por otra parte, nuestro país puede recobrar una parte de esta merma mediante repercusiones favorables, debidas a la acción del multiplicador en los países extranjeros, al aumentar su actividad económica.

Más todavía, si nos encontramos frente a modificaciones sustanciales, deberemos tener en cuenta un cambio progresivo en la inclinación marginal a consumir, a medida que la posición del margen se desplaza paulatinamente, y, por lo tanto, en el multiplicador. La propensión marginal a consumir no es constante para todos los niveles de ocupación, y es probable que ofrezca, por regla general, una tendencia a disminuir a medida que la ocupación aumenta; es decir, que, cuando el ingreso real sube, la sociedad deseará consumir una proporción gradualmente descendente de este.

Además del funcionamiento de la regla general que acaba de mencionarse, también hay otros factores que pueden influir para modificar la inclinación marginal a consumir y, por consiguiente, el multiplicador; y parece ser que estos otros factores, por regla común acentúan la tendencia de la regla general más bien que quitarle fuerza; porque, en primer lugar, el incremento de la ocupación tenderá, debido a las consecuencias de los rendimientos decrecientes en el período corto a aumentar la proporción del ingreso total que va a dar a manos de los empresarios, cuya inclinación marginal individual a consumir es, probablemente, menor que el promedio para la comunidad en conjunto. En segundo lugar, la desocupación probablemente va unida al ahorro negativo en ciertos sectores, privados o públicos, porque los sin trabajo pueden estar viviendo ya sea de sus ahorros y los de sus amigos o de la ayuda pública que se financia parcialmente con préstamos; con el efecto de que la reocupación descenderá paulatinamente estos actos concretos de ahorro negativo y reducirá, por tanto, la inclinación marginal a consumir más rápidamente de lo que hubiera descendido a causa de un crecimiento igual del ingreso real de la comunidad producido en circunstancias diferentes.

El multiplicador será, de todos modos, probablemente mayor para un pequeño aumento neto de la inversión que para uno grande; de manera tal que, cuando se esperan cambios esenciales, debemos guiarnos por el valor medio del multiplicador, basado en el promedio de la inclinación marginal a consumir, en las condiciones determinadas.

Kahn examinó el resultado cuantitativo probable de tales factores en ciertos casos hipotéticos especiales; pero se advierte claramente que es imposible llevar ninguna generalización muy lejos. Solamente puede decirse, por ejemplo, que una sociedad típica moderna probablemente tendería a consumir no mucho menos del 80% de cualquier aumento del ingreso real, si se tratara de un sistema cerrado, con el consumo de los sin trabajo pagado por medio de transferencias del consumo de otros consumidores, de manera que el multiplicador no fuera mucho menor de 5, después de haber tenido en cuenta los efectos adversos. Sin embargo, en un país en que el comercio exterior llega, digamos, hasta la proporción de 20% del consumo y donde los sin trabajo reciben, por medio de préstamos o su equivalente, hasta el 50% de su consumo normal cuando están empleados, el multiplicador puede bajar tanto como dos o tres veces el volumen de ocupación proporcionado por una inversión concreta nueva. De esta manera, una fluctuación dada en las inversiones será acompañada de una oscilación mucho menos violenta de la ocupación en un país cuyo comercio exterior desempeña un papel importante y la ayuda a los desocupados se financia en mayor grado con préstamos (como sucedió, por ejemplo, en Gran Bretaña en 1931), que en un país en el cual estos factores son menos importantes (como en Estados Unidos en 1932).

Sin embargo, debemos acudir al principio general del multiplicador para explicar cómo las oscilaciones en el monto de la inversión, comparativamente pequeñas en relación con el ingreso nacional, son capaces de generar fluctuaciones en la ocupación total y en el ingreso de una amplitud mucho mayores que ellas mismas.

IV

Hasta ahora se ha llevado el estudio sobre la base de un cambio en la inversión total, que se ha previsto con bastante anticipación para que las industrias de artículos de consumo avancen *pari passu* con las industrias de artículos de capital, sin mayor trastorno para el precio de los bienes de consumo que el derivado de un aumento en la cantidad producida, en condiciones de rendimiento decrecientes.

Sin embargo, por lo general, hemos de tener en cuenta el caso de que la iniciativa venga de un incremento de la producción de las industrias de bienes de capital, que no se había previsto por completo. Es evidente que una iniciativa de esta clase solamente produce todos sus efectos sobre la ocupación después de transcurrido cierto período. No obstante, he visto que en las discusiones este hecho, evidente a menudo, origina cierta confusión entre la teoría lógica del multiplicador, que siempre es válida, sin necesidad de que transcurra cierto tiempo y en cualquier momento, y los efectos de una expansión de las industrias de bienes de capital, que tiene un impacto gradual, sujeta a estancamientos y sólo luego de cierto intervalo.

La relación entre ambas cosas puede aclararse señalando, primero, que una expansión de las industrias de artículos de capital imprevista o prevista imperfectamente, no produce resultados instantáneos de igual magnitud en el total de las inversiones, sino que provoca un aumento paulatino de estas; y, segundo, que puede motivar una divergencia temporal entre la inclinación marginal a consumir y su valor normal, seguida, sin embargo, por un retorno gradual hacia este último.

Así, pues, una expansión en las industrias de artículos de capital ocasiona una serie de aumentos en la inversión total, que se presentan en períodos sucesivos en un intervalo de tiempo, y una serie de valores de la inclinación marginal a consumir en estos ciclos sucesivos que difiere tanto de lo que habrían sido los valores si tal expansión se hubiera previsto, como de lo que serán cuando la comunidad haya llegado a estabilizarse en un nivel nuevo y firme de inversión total. Pero, en cada intervalo de tiempo, la teoría del multiplicador sigue siendo válida en cuanto a que el aumento de la demanda total es igual al producto del incremento de la inversión total por el multiplicador, ya determinado por la inclinación marginal a consumir.

La explicación de estos dos grupos de hechos puede entenderse más claramente suponiendo el caso extremo en que la expansión de la ocupación en las industrias dedicadas a producir bienes de capital es de tal modo imprevista que al principio no hay incremento alguno en la producción de artículos de consumo. En este caso, los esfuerzos de quienes han sido empleados recientemente en las industrias de artículos de capital para consumir una parte de sus ingresos aumentados, harán subir los precios de los bienes de consumo hasta que se alcance un equilibrio temporal entre la oferta y la demanda —como efecto, en parte, de los altos precios que obligan a aplazar el consumo, en parte de una redistribución de los ingresos en favor de las clases que ahorran, debido al aumento de sus ganancias como resultado de los precios elevados, y, en parte, a causa de que los altos precios provocan una deflación de las existencias–. En la medida en que el equilibrio se restablezca por haberse aplazado el consumo, se presenta una reducción temporal de la inclinación marginal a consumir, esto es, del multiplicador mismo; y, en tanto que hay una deflación de las existencias, la inversión total crece por lo pronto en menor proporción que el incremento de la inversión en industrias de bienes de capital –es decir, lo que se va a multiplicar no aumenta tanto como el total del incremento de la inversión en las industrias de bienes de capital–. Pero, a medida que pasa el tiempo, las industrias de artículos de consumo se ajustan por sí mismas a la nueva demanda, de manera que, cuando se goza del consumo diferido, la inclinación marginal a consumir sube temporalmente por encima de su nivel normal para compensar la reducción que tuvo antes y, eventualmente, vuelve a dicho nivel; en tanto que la restauración de las existencias a su cifra anterior hace que el incremento de la inversión global sea temporalmente mayor que el de la inversión en las industrias de bienes de capital (el aumento del capital en giro corresponderá a la mayor producción y tendría también temporalmente el mismo efecto).

El hecho de que una variación imprevista sólo ejerza de lleno sus efectos sobre la ocupación a través de un período es importante en ciertos contextos –representa un papel primordial, sobre todo, en el análisis del ciclo económico (siguiendo lineamientos tales como los que yo seguí en mi *Treatise on Money*)–. Pero no afecta de ninguna manera a la importancia de la teoría del multiplicador en la forma que ha sido expuesta; ni la hace inaplicable como un indicador del beneficio total que se prevé para la ocupación como resultado de una expansión en las industrias de bienes de capital. Aún más, salvo en condiciones en que las industrias de consumo se encuentren ya trabajando casi a toda su capacidad –de manera que un incremento de la producción requiera otro correspondiente del equipo y no simplemente un empleo más intensivo que el existente— no hay motivo para pensar que se necesite más de un breve intervalo antes de que la ocupación en las industrias de bienes de consumo progrese *pari passu* con la de las industrias de bienes de capital, actuando el multiplicador cerca de su cifra normal.

V

Hemos visto que cuanto mayor sea la inclinación marginal a consumir, mayor será el multiplicador y, en consecuencia, más grande la perturbación que producirá sobre la ocupación una variación producida en la inversión. Podría suponerse que esto lleva a la paradójica conclusión de que una comunidad pobre, en la cual el ahorro represente una parte muy pequeña de los ingresos, estará más sujeta a oscilaciones violentas que otra rica, en la que el ahorro constituya una proporción mayor de los ingresos, y el multiplicador menor, en consecuencia.

Esta conclusión, sin embargo, olvidaría la diferencia entre los efectos de la inclinación marginal a consumir y los de la inclinación media a consumir; dado que, mientras una inclinación marginal a consumir alta implica un impacto proporcionado mayor, como consecuencia de un determinado cambio porcentual en la inversión, sin embargo, el efecto absoluto será menor si la inclinación a consumir media es también alta. Esto puede ilustrarse como sigue con un ejemplo numérico.

Supongamos que la inclinación de una comunidad a consumir es tal que, mientras su ingreso real no exceda de la producción resultante del empleo de 5.000,000 de hombres con el equipo productor que posee, consume todo su ingreso; que consume el 99% de la producción de los siguientes 100;000

hombres adicionales empleados; de los segundos 100;000 el 98%; de los terceros, el 97%, y así sucesivamente; y que la ocupación total será representada por 10.000;000 de hombres. Se desprende de esto que cuando 5.000;000 + n × 100,000 estén empleados, el multiplicador en el margen es 100 / n y que n·(n + 1) / 2·(50 + n) % del ingreso nacional se invierte.

De este modo, cuando se emplean 5.200;000 hombres, el multiplicador es muy grande, digamos 50; pero la inversión es sólo una parte insignificante del ingreso corriente, digamos el 0.06%, con el resultado de que, si la inversión disminuye en gran escala, por ejemplo, en unos dos tercios, la ocupación solamente descenderá hasta 5.100;000, es decir, en un 2% aproximadamente. Por otra parte, cuando estén empleados 9.000;000 hombres, el multiplicador marginal es comparativamente bajo, a saber, 2½, pero la inversión es entonces una parte fundamental del ingreso corriente, digamos 9%; con la consecuencia de que si la inversión decrece en dos tercios, la ocupación descenderá hasta 6.900;000, es decir, en un 23%. En el límite donde la inversión llega a cero, el empleo bajará en un 4%, más o menos, en el primer caso, mientras que en el segundo llegará al 44%.

En el ejemplo anterior, la más pobre de las dos comunidades comparadas lo es por razón del subempleo; pero se utilizan los mismos razonamientos, mediante una adaptación fácil, si la pobreza se debe a una inferioridad en la destreza, la técnica o el equipo. Así, mientras el multiplicador es más grande en una comunidad pobre, el efecto de las oscilaciones en la inversión sobre la ocupación será mucho mayor en una comunidad rica, suponiendo que en esta la inversión corriente representa una proporción mucho más grande de la producción corriente.

También es claro, después de lo dicho, que el empleo de un número dado de hombres en obras públicas tendrá un efecto mucho mayor (según los supuestos dichos) sobre la ocupación total cuando la desocupación sea cuantiosa, que, luego, cuando esté próxima la ocupación plena. En el ejemplo dado, si en el momento en que la ocupación ha bajado a 5.200;000 se ocupan en obras públicas 100;000 hombres más, la ocupación total ascenderá a 6.400;000. Pero si la ocupación es ya de 9.000;000, cuando se usan 100;000 hombres más con el mismo fin, la ocupación total solamente llegará a 9.200;000. De esta manera, las obras públicas, incluso cuando sean de dudosa utilidad, pueden otorgar una compensación varias veces superior en épocas de grave desocupación, aunque sólo sea por el menor costo de los gastos de asistencia, con la condición de que supongamos que se ahorra una parte menor del ingreso cuando la desocupación es mayor; pero esto puede llegar a ser incierto a medida que nos acercamos al estado de ocupación plena. Más todavía, si es correcta nuestra conjetura de que la inclinación marginal a consumir desciende constantemente según nos vamos aproximando a la ocupación total, se deduce que cada vez irá siendo más complicado alcanzar un nuevo aumento en la ocupación por medio de otro en la inversión.

No sería difícil armar un cuadro de la inclinación marginal a consumir en cada etapa del ciclo económico con las estadísticas (si las hubiera disponibles) del ingreso y la inversión totales en fechas sucesivas. Por ahora, sin embargo, nuestras estadísticas no son lo bastante precisas (o recopiladas a propósito para este objeto) para permitirnos hacer más que estimaciones ampliamente aproximadas. Las mejores que conozco son las cifras de Kuznets para Estados Unidos (a las que ya se ha hecho referencia en las páginas anteriores aunque son, sin embargo, muy precarias). Tomadas juntamente con los cálculos del ingreso nacional, señalan, hasta donde pueden considerarse útiles, una cifra menor y más estable para el multiplicador de inversión que la que yo hubiera esperado. Si se toman años aislados, el resultado es todavía más confuso;

pero si se agrupan por pares, el multiplicador parece haber sido menor de 3 y, probablemente, bastante estable alrededor de 2.5. Esto hace pensar en una inclinación marginal a consumir no mayor de 60 a 70% –cifra completamente probable para el auge, pero sorprendentemente corta, y a mi juicio muy improbable, para la depresión–. Es posible, sin embargo, que el extremado conservadurismo financiero de las sociedades anónimas en Estados Unidos, incluso durante la depresión, tenga mucho que ver con ello. Dicho de otro modo, si cuando la inversión está disminuyendo velozmente por no atender a las reparaciones y renovaciones del equipo, se guarda, no obstante, una reserva financiera para la depreciación, el efecto es impedir el crecimiento que, de otra manera, se hubiera presentado en la inclinación marginal a consumir. Sospecho que este factor puede haber desempeñado un importante papel para empeorar el alcance de la reciente depresión en Estados Unidos. Por otra parte, es posible que las estadísticas abulten un poco el descenso en la inversión, que se afirma que descendió más del 75% en 1932 respecto a 1929; mientras que la "formación de capital" neta descendió más del 95% –pues una variación moderada en estas estimaciones puede provocar un cambio sustancial en el multiplicador–.

VI

Cuando aparece desempleo involuntario, la desutilidad marginal del trabajo es necesariamente menor que la utilidad del producto marginal. En realidad, puede ser mucho menor porque cierta cantidad de trabajo, para un hombre que ha estado sin empleo largo tiempo, en vez de desutilidad puede tener utilidad positiva. Si se acepta esto, el razonamiento precedente demuestra cómo los gastos "ruinosos" (*wasteful*) de préstamos pueden, no obstante, enriquecer al fin y al cabo a la comunidad. La construcción de pirámides, los terremotos y hasta las guerras pueden servir para acrecentar la riqueza, si la educación de nuestros estadistas en los principios de la economía clásica impide que se haga algo mejor.

Es llamativo observar cómo el sentido común, en un intento de escapar de conclusiones absurdas, ha podido llegar a preferir las formas de gastos de préstamos totalmente "ruinosos" a las que sólo lo son parcialmente, que, por no ser un despilfarro completo, tienden a juzgarse de acuerdo con principios estrictos "de negocios". Por ejemplo, la ayuda a los desempleados financiada por préstamos se admite con mayor facilidad que la financiación de mejoras que dan un rendimiento inferior al tipo corriente de interés; en tanto que la práctica de abrir hoyos en el suelo, conocida como explotación de minas de oro, que no sólo no agrega nada a la riqueza real del mundo, sino que supone la desutilidad del trabajo, es la más aceptable de todas las soluciones.

Si la tesorería se pusiera a llenar botellas viejas con billetes de banco, las enterrara a profundidad conveniente en minas de carbón abandonadas, que luego se cubrieran con escombros de la ciudad, y dejara a la iniciativa privada, de conformidad con los bien experimentados principios del *laissez faire*, el cuidado de desenterrar los billetes (naturalmente obteniendo el derecho de hacerlo por medio de concesiones sobre el suelo donde se encuentran) no se necesitaría que hubiera más desempleo y, con ayuda de las repercusiones, el ingreso real de la sociedad y también su riqueza de capital probablemente superarían en buena medida su nivel actual. Es claro que sería más razonable construir casas o algo semejante; pero si existen dificultades políticas y prácticas para realizarlo, el procedimiento anterior sería mejor que no hacer nada.

La analogía entre este recurso y el de la explotación de minas de oro en la vida real es completa. En los períodos en que el oro está a nuestro alcance a profundidades adecuadas, la experiencia indica que la riqueza real del mundo crece rápidamente y que, cuando solamente hay disponibles pequeñas cantidades de dicho elemento en esas condiciones, nuestra riqueza se estanca o disminuye. De este modo las minas de oro son del mayor valor e importancia para la civilización. Del mismo modo en que las guerras han sido la única forma de gasto de préstamos en gran escala que los estadistas han encontrado justificable, así también la extracción de oro es el único pretexto para abrir hoyos en el suelo que se ha recomendado por sí mismo a los banqueros como finanza sólida; y cada una de estas actividades ha representado su papel en el progreso –a falta de algo mejor–. Para mencionar un detalle diremos que la tendencia a subir del precio del oro en términos de trabajo y materiales durante las depresiones eventualmente ayuda a la recuperación, porque crece la profundidad a la cual la explotación de minas es costeable y reduce la ley mínima del oro que conviene explotar.

Además del efecto probable de las crecientes ofertas de oro sobre el tipo de interés, la minería del oro, si no podemos alimentar el empleo por medios que, al mismo tiempo, eleven nuestras existencias de riqueza útil, es una forma sumamente práctica de inversión por dos razones: primero, debido al atractivo de azar que ofrece, se realiza sin poner gran atención en la tasa de interés existente; segundo, su resultado, es decir, el aumento de la existencia de oro, no tiene, como en otros casos, el efecto de reducir su utilidad marginal. Desde el momento en que el valor de una casa depende de su utilidad, cada casa que se construya sirve para que disminuya la renta probable que puede obtenerse de las futuras construcciones y, por tanto, cae el atractivo de futuras inversiones similares, salvo que la tasa de interés esté bajando *pari passu*. Pero los frutos de la minería del oro no están sujetos a este inconveniente y sólo puede sobrevenir un impedimento a través de un alza en la unidad de salarios medida en oro, lo que no es probable que suceda, y hasta que el empleo sea sustancialmente mayor. Aún más, no se manifiestan después efectos adversos provocados por las reservas para los costos de uso y suplementario, como en el caso de otras formas de riqueza menos durables.

El antiguo Egipto era doblemente afortunado y, sin duda, debió a esto su fabulosa riqueza, porque poseía dos actividades: la de construir pirámides y la de buscar metales preciosos, cuyos frutos, desde el momento que no podían ser útiles para las necesidades humanas consumiéndose, no perdían utilidad por ser abundantes. La Edad Media construyó catedrales y cantó endechas. Dos pirámides, dos misas de réquiem, son dos veces mejores que una; pero no sucede lo mismo con dos ferrocarriles de Londres a York. Así que somos tan razonables y nos hemos educado de modo tan similar a los financieros prudentes, por lo que meditamos con sumo cuidado antes de agravar las cargas "financieras" de la posteridad edificando casas habitación, que no contamos con tan fácil escapatoria para los sufrimientos de la desocupación. Debemos admitirlos como resultado inevitable de aplicar a la conducta del Estado las máximas que fueron proyectadas más bien para "enriquecer" a un individuo, capacitándolo para acumular derechos a satisfacciones que no intenta hacer efectivos en un momento determinado.

La eficiencia marginal del capital

Cuando alguien hace una inversión, compra un bien de capital, lo que adquiere es el derecho a una serie de rendimientos probables, que espera obtener de la venta de los productos, durante la vida del bien, después de restar los gastos de operación respectivos. Es conveniente denominar a esta serie de anualidades Q1 Q2 … Qn el "rendimiento probable" de la inversión.

En contraste con el rendimiento probable de la inversión tenemos el "precio de oferta" del bien de capital, que no es el precio de mercado al cual puede adquirirse actualmente un bien de la clase en cuestión, sino el precio que bastaría exactamente para impulsar a un fabricante a producir una nueva unidad adicional de dicho bien, es decir, lo que algunas veces se llama "costo de reposición". La relación entre el rendimiento probable de un bien de capital y su precio de oferta o de reposición, es decir, la que hay entre el rendimiento probable de una unidad más de esa clase de capital y el costo de producirla, nos da la "eficiencia marginal del capital" de esa clase. Más exactamente, defino la eficiencia marginal del capital como si fuera igual a la tasa de descuento que lograría igualar el valor presente de la serie de anualidades dada por los rendimientos esperados del bien de capital, en todo el tiempo que dure, a su precio de oferta. Esto nos da las eficiencias marginales de determinados tipos de bienes de capital. La mayor de estas eficiencias marginales puede, por tanto, entenderse como la eficiencia marginal del capital en general.

Notará el lector que la eficiencia marginal del capital se define aquí en términos de expectativa del rendimiento probable y del precio de oferta corriente del bien de capital. Depende de la tasa de rendimiento que se espera obtener del dinero si se invirtiera en un bien recién producido y no del resultado histórico de lo que una inversión ha rendido sobre su costo original si observamos retrospectivamente sus resultados después de que ha terminado el período de sus servicios.

Si crece la inversión en un cierto tipo de capital durante algún período, la eficiencia marginal de este tipo de capital disminuirá a medida que aquella inversión crezca, en parte porque el rendimiento probable descenderá según suba la oferta de esa clase de capital y, en parte, debido a que, por regla general, la presión sobre las facilidades para producir ese tipo de capital hará que su precio de oferta sea mayor; el segundo de estos factores es, por lo general, el más importante para producir el equilibrio a la corta aunque cuanto más largo sea el ciclo que se considere más importancia toma el primer factor. Así, pues, para cada clase de capital es posible trazar una curva que muestre la proporción en que habrán de aumentar las inversiones de esta durante el ciclo para que su eficiencia marginal descienda a determinada cifra. Luego, podemos sumar estas curvas de todas las clases distintas de capital, de manera que obtengamos otra que ligue la tasa de inversión global con la correspondiente eficiencia marginal del capital en general que aquella tasa de inversión establecerá. Llamaremos a esto "curva de la demanda de inversión" o, inversamente, "curva de eficacia marginal del capital".

Ahora bien, es evidente que la tasa real de inversión corriente será empujada hasta el punto en que ya no haya clase alguna de capital cuya eficiencia marginal supere la tasa corriente de interés. Dicho de otro modo, la tasa de inversión sería impelida hasta ese punto de la curva de demanda de inversión en que la eficiencia marginal del capital en general sea igual a la tasa de interés de mercado.

Esto puede expresarse también de la siguiente manera: si Qr es el rendimiento probable de un activo en el tiempo r, y d, es el valor presente de 1 £ al plazo de r años a la tasa corriente de interés, ΣQrdr es el precio de demanda de la inversión; y esta se llevará hasta que ΣQrdr sea igual al precio de oferta de la inversión de la misma manera en que se definió antes. Si, por lo contrario, ΣQrdr es menor que el precio de oferta, no habrá inversión corriente en el bien considerado.

Se deduce que el incentivo para invertir depende en parte de la curva de demanda de inversión y, en parte, de la tasa de interés. Solamente más adelante será posible contar con elementos suficientes de comprensión acerca de los factores que definen la tasa de interés en su complejidad real. Sin embargo, yo le diría al lector que tomara nota desde ahora de que ni el conocimiento del rendimiento probable de un activo ni el de su eficiencia marginal permite deducir la tasa de interés ni su valor presente. Debemos encontrar en otra fuente la tasa de interés, y sólo entonces podremos valuar el bien y "capitalizar" su rendimiento probable.

II

¿Qué relación tiene la definición dada de la eficiencia marginal del capital con el lenguaje usual? La productividad, el rendimiento, la eficiencia o la utilidad marginales del capital son términos que todos hemos utilizado con frecuencia; pero no es fácil descubrir en la bibliografía económica una exposición clara de lo que los economistas han intentado decir habitualmente con estos términos. Hay que aclarar, por lo menos, tres ambigüedades. Para empezar, la de si lo que nos interesa es el aumento en producto físico por unidad de tiempo, debido al empleo de una unidad física más de capital, o el incremento de valor, debido al empleo de una unidad más de valor de capital. El primer caso supone dificultades respecto a la definición de la unidad física de capital, lo que en mi opinión es insoluble y, además, innecesario. Es posible, desde ya, decir que diez trabajadores cosecharán más trigo de un área determinada cuando están en posibilidad de hacer uso de ciertas máquinas adicionales; pero no sé de algún medio para reducir esto a una relación aritmética inteligible que no arrastre consigo los valores. Sin embargo, muchos estudios sobre este tema parecen referirse en algún sentido, principalmente, a la productividad física del capital aunque los autores no consiguen expresarse con claridad. En el segundo caso, está el problema de si la eficiencia marginal del capital es una cantidad absoluta o una proporción. El marco en que se usa y la práctica de tratarla como si fuera de la misma magnitud que la tasa de interés parecen forzarnos a pensar en una proporción. No obstante, no suele plantearse con claridad cuáles son los términos de esta proporción.

Finalmente, existe la distinción (que al no tenerse en cuenta ha sido la principal causa de confusión y equivocaciones) entre el incremento de valor que puede lograrse usando una cantidad adicional de capital en la situación existente y la serie de aumentos que se espera obtener a través de la duración completa del bien de capital adicional —es decir, la diferencia entre $Q1$ y la serie completa $Q1\ Q2\ \dots\ Qn\ \dots$—. Esto conlleva todo el problema del lugar que tiene la expectativa en la teoría económica. Parece que la mayoría de los estudios sobre la eficiencia marginal del capital no prestan atención a ningún término de la serie, excepto a $Q1$. Sin embargo, esto no puede ser lícito más que en una teoría estática, en que todas las Q son iguales. La teoría usual de la distribución, donde se supone que el capital da en el presente su productividad marginal (en un sentido o en otro), únicamente es válida en una situación estacionaria. El rendimiento global corriente del capital no tiene relación directa con su probable marginal, en tanto que su rendimiento corriente en el margen de producción (es decir, el rendimiento del capital que entra en el precio de oferta de la producción) es su costo marginal de uso, que tampoco tiene mucha relación con su eficiencia marginal.

Existe, como se dijo antes, la curiosa ausencia de una explicación clara de este punto. Al mismo tiempo, creo que la definición que di se aproxima bastante a lo que Marshall intentó decir con esa expresión. La frase que emplea Marshall es "la eficiencia marginal neta" de un factor de la producción o, alternativamente, la "utilidad marginal del capital".

III

La confusión más importante respecto del significado y la magnitud de la eficiencia marginal del capital ha sido consecuencia de que no se ha advertido que depende del rendimiento probable del capital y no solo de su rendimiento corriente. Esto puede aclararse mejor señalando el efecto que tiene la expectativa de cambios en el costo previsto de producción sobre la eficiencia marginal del capital, bien sea que se esperen esas variaciones como resultado de cambios en el costo del trabajo, es decir, en la unidad de salarios, o de invenciones y nueva técnica. La producción que resulte del equipo producido en la actualidad tendrá que competir, mientras dure, con la producción del equipo producido después, tal vez a un costo menor en trabajo, quizás por una técnica mejorada que se conforma con vender su producción más barata y que incrementará esta hasta que su precio haya bajado al nivel deseado. Más todavía, se reducirán las ganancias del empresario (medidas en dinero) que provienen del equipo —viejo o nuevo— si toda la producción se hace más barata. En la medida en que tales desarrollos se prevean como probables, o aun como posibles, desciende en proporción la eficiencia marginal del capital producido en la actualidad.

Este es el factor mediante el cual la expectativa de cambios en el valor del dinero influye sobre el volumen de la producción presente. La expectativa de una baja en el valor del dinero es un aliciente para la inversión y, en consecuencia, el empleo en general, porque eleva la curva de la eficiencia marginal del capital, es decir, la curva de la demanda de inversiones; y la expectativa de un aumento en el valor del dinero es deprimente porque hace descender la curva de la eficiencia marginal del capital.

Esta es la verdad que se oculta tras la teoría del profesor Irving Fisher respecto a lo que él llamó originalmente "apreciación e interés" –la distinción entre la tasa nominal y la real de interés cuando la última se iguala a la primera después de hacer las correcciones necesarias por las variaciones en el valor del dinero–. Es complicado encontrar sentido lógico en esta teoría tal como se ha expuesto, porque no está claro si se supone previsto o no el cambio en el valor del dinero. No hay manera de esquivar el problema de que si no se prevé, no tendrá efecto alguno sobre los negocios corrientes, mientras que si se prevé, los precios de los artículos existentes se ajustarán tan pronto y de tal modo que las ventajas de guardar dinero y las de conservar mercancías se igualen nuevamente, y será demasiado tarde para que los poseedores de dinero ganen o se perjudiquen por un cambio en la tasa de interés que equilibre el cambio probable en el valor del dinero prestado durante el período en que rija el préstamo. Pues no se consigue eludir el dilema por el recurso del profesor Pigou de pensar que la variación anticipada en el valor del dinero es prevista por un grupo de gente y no por otro.

El error consiste en suponer que los cambios probables en el valor del dinero reaccionan directamente sobre la tasa de interés, en vez de hacerlo sobre la eficiencia marginal de un volumen determinado de capital. Los precios de los bienes existentes siempre se ajustarán por sí mismos a las variaciones en las previsiones atinentes al valor probable del dinero. La importancia de tales cambios en las expectativas estriba en sus efectos sobre el deseo de producir nuevos bienes, a través de su reacción sobre la eficiencia marginal del capital. El impacto estimulante de la perspectiva de precios mayores no se debe a que suban la tasa de interés (lo que sería un medio paradójico de estimular la producción −en la medida que la tasa de interés sube, el incentivo queda neutralizado en la misma proporción−), sino a que eleva la eficiencia marginal de un volumen dado de capital. Si la tasa de interés se elevara *pari passu* con la eficiencia marginal del capital, la previsión del aumento de precios no tendría efectos estimulantes porque el incentivo para la producción está en función de que la eficiencia marginal de un volumen dado de capital haga subir relativamente la tasa de interés. Por cierto, la teoría del profesor Fisher podría volver a explicarse mejor en términos de una "tasa real de interés" determinada como la que tendría que regir a consecuencia de un cambio en el estado de las expectativas respecto del valor futuro del dinero para que esta variación no tuviera efecto sobre la producción corriente.

No es en vano destacar que la expectativa de un descenso futuro en la tasa de interés tendrá por efecto hacer bajar la curva de la eficiencia marginal del capital, pues significa que la producción resultante del equipo hecho en la actualidad habrá de competir durante parte de su vida con la proveniente del equipo que se constituye con un rendimiento menor. Esta expectativa no tendrá un gran impacto depresor, ya que las expectativas que se hacen respecto al complejo de las tasas de interés para distintos plazos que regirán en el futuro, se reflejarán en parte en el complejo de las que rigen en la actualidad. Sin embargo, puede tener cierto impacto depresivo, desde el momento en que la producción resultante del equipo fabricado en la actualidad, que se conseguirá hacia el final de su duración, tal vez deba competir con la procedente de otro equipo mucho más joven, que se conforma con un rendimiento menor, a causa de la tasa de interés más pequeña que rige para períodos subsecuentes al término de la duración del equipo producido actualmente.

Es importante entender la dependencia que existe entre la eficiencia marginal de un volumen determinado de capital y las variaciones en la expectativa porque es principalmente esta subordinación la que hace a la eficiencia marginal del capital quedar sujeta a ciertas oscilaciones violentas, que son la explicación del ciclo económico.

IV

Hay dos tipos de riesgos que no han sido diferenciados, por lo general, pero que es importante distinguir, que afectan al volumen de la inversión. El primero es el del empresario o prestatario, y proviene de las dudas que este tiene respecto de la posibilidad de conseguir en realidad los rendimientos probables que espera. Si un hombre aventura su propio dinero, este es el único riesgo que importa.

Pero donde existe un sistema de dar y tomar a préstamo, con lo que quiero decir la concesión de créditos con un margen de garantía real o personal, aparece un segundo tipo de riesgo al que podremos denominar "riesgo del prestamista". Este puede ser causado por azar moral, es decir, incumplimiento voluntario o cualquier otro medio, tal vez lícito, de rehuir del cumplimiento de la obligación; o a la posible insuficiencia del margen de seguridad, es decir, incumplimiento involuntario a causa de un error en las expectativas. Podría agregarse una tercera causa de riesgos, como es el posible cambio adverso en el valor del patrón monetario, que hace que el préstamo en dinero no sea tan seguro, en la medida de la depreciación, que un activo real aunque todos, o la mayor parte de estos cambios, deben haberse reflejado ya, y, por lo tanto, absorbido, en el precio de los bienes reales duraderos.

Ahora bien, el primer tipo de riesgo es, en cierto sentido, un costo social real aunque susceptible de disminución cuando se promedia, así como al crecer la exactitud en las previsiones. El segundo, sin embargo, es una adición pura al costo de la inversión, que no existiría si el prestatario y el prestamista fueran la misma persona. Además, supone la duplicación de una parte del riesgo del empresario, el que se agrega dos veces al tipo de interés puro para dar el rendimiento mínimo probable que estimulará a invertir; porque si una especulación es arriesgada, el prestatario necesitará un margen más amplio entre sus expectativas respecto a los rendimientos y la tasa de interés a la cual cree que vale la pena contraer la deuda; en tanto que el mismo motivo precisamente impulsará al prestamista a reclamar un margen mayor entre lo que carga y la tasa de interés pura que basta para impulsarlo a prestar (salvo cuando el deudor es tan fuerte y rico que está en posición de ofrecer un margen excepcional de seguridad). La esperanza de un resultado muy favorable, que puede equilibrar el riesgo en la mente del deudor, no se puede aprovechar para tranquilizar al prestamista.

Esta duplicación en la tolerancia de una parte del riesgo no se ha destacado bastante hasta hoy, que yo sepa, pero puede ser importante en determinadas circunstancias. Durante un auge, el cálculo popular de la dimensión de ambos riesgos, el del prestamista y el del prestatario, puede llegar a ser inusitado e imprudentemente bajo.

La curva de la eficiencia marginal del capital es de importancia esencial porque la expectativa del futuro influye sobre el presente fundamentalmente a través de este factor (mucho más que a través de la tasa de interés). El error de considerar la eficiencia marginal del capital principalmente en términos del rendimiento corriente del equipo de producción, lo cual solamente sería correcto en la situación estática en que no hubiera variaciones futuras que afectaran el presente, ha provocado la rotura del eslabón teórico entre el presente y el futuro. La tasa de interés misma es, virtualmente, un fenómeno corriente; y si reducimos la eficiencia marginal del capital al mismo status, nos cerramos la posibilidad de tomar en cuenta de un modo directo la influencia del futuro en nuestro análisis del equilibrio existente.

El hecho de que sea usual que los supuestos de la situación estática sean básicos en la teoría económica actual, introduce en ella un elemento importante de irrealidad. Pero la inclusión de los conceptos del costo de uso y de la eficiencia marginal del capital, según definimos anteriormente, tendrá por efecto, según mi opinión, volverlos a la realidad, en tanto que se reduce a un mínimo el grado indispensable de adaptación.

La razón de que el porvenir económico esté ligado con el presente se encuentra en que se cuente con equipo duradero. Por tanto, el hecho de que la expectativa del futuro influya en el presente mediante el precio de demanda del equipo duradero, concuerda y se conforma a nuestros principios generales de pensamiento.

La teoría general de la tasa de interés

A pesar de que existen fuerzas que hacen subir o bajar la tasa de inversión de manera tal que mantienen la eficiencia general del capital igual a la tasa de interés, la eficiencia marginal de capital en sí misma es algo diferente de la tasa de interés prevaleciente. Puede decirse que la curva de la eficiencia marginal del capital rige los términos en que se demandan fondos disponibles para nuevas inversiones, en tanto que la tasa de interés rige las condiciones en que se proveen corrientemente dichos fondos. Por lo tanto, necesitamos saber qué determina la tasa de interés para completar nuestra teoría.

En términos generales, veremos que hacen depender la tasa de interés de la interacción de la curva de la eficiencia marginal del capital y de la inclinación psicológica a ahorrar. Pero no bien nos damos cuenta de que es imposible deducir cuál será la tasa de interés con el solo conocimiento de la demanda y la oferta de ahorros para nuevas inversiones se derrumba la idea de que la tasa de interés es el elemento compensador que equipara la demanda de ahorros, en forma de nuevas inversiones que aparecen ante una tasa determinada, con la oferta de estos, que resulta, con igual tasa, de la propensión psicológica de la comunidad al ahorro.

¿Cuál es, entonces, nuestra respuesta a esta pregunta?

II

Las preferencias psicológicas de tiempo de un individuo requieren dos clases de decisiones para realizarse por completo. La primera se relaciona con el aspecto de preferencia de tiempo que he denominado la "inclinación a consumir"; la cual define qué parte de un ingreso consumirá cada individuo y cuánto guardará en alguna forma de poder adquisitivo de consumo futuro.

Pero una vez tomada esta decisión, le espera otra, es decir, en qué forma conservará el poder adquisitivo de consumo futuro que ha reservado, ya sea de su ingreso corriente o de ahorros previos. ¿Desea conservarlo en forma de poder adquisitivo líquido, inmediato (es decir, en dinero o su equivalente)? ¿O está dispuesto a desprenderse del poder adquisitivo inmediato por un período específico o indeterminado, y dejar a la situación futura del mercado la fijación de las condiciones en que puede, si es necesario, convertir el poder adquisitivo diferido sobre bienes específicos en inmediato sobre bienes en general? Dicho de otro modo, ¿cuál es el grado de su preferencia por la liquidez, cuando la preferencia por la liquidez del individuo está representada por una curva del volumen de recursos, valuados en dinero o en unidades de salarios, que deseará conservar en forma de dinero en diferentes circunstancias?

Veremos que el error de las teorías aceptadas sobre la tasa de interés está en que intentan derivarla del primero de estos dos elementos constitutivos de la preferencia psicológica de tiempo, menospreciando el segundo; y es este descuido el que debemos tratar de corregir. Debiera parecer obvio que la tasa de interés no puede ser recompensa al ahorro o a la espera como tales; porque si un hombre atesora sus ahorros en efectivo no gana interés, aunque ahorre lo mismo que antes. Al contrario, la mera definición de tasa de interés dice, en muchas palabras, que la tasa de interés es la recompensa por privarse de liquidez durante un período determinado; porque dicha tasa no es, en sí misma, más que la inversa de la proporción que hay entre una suma de dinero y lo que se puede obtener por desprenderse del control del dinero a cambio de una deuda durante un período determinado de tiempo.

De este modo, en cualquier momento, al ser la tasa de interés la recompensa por desprenderse de la liquidez, constituye una medida de la renuncia de quienes poseen dinero a desprenderse del poder líquido que da. La tasa de interés no es "precio" que pone en equilibrio la demanda de recursos para invertir con la buena disposición para abstenerse del consumo presente. Es el "precio" que equilibra el deseo de mantener la riqueza en forma de efectivo, con la cantidad disponible de este último —lo que implica que, si la tasa fuese menor, es decir, si el premio por desprenderse de efectivo se redujera, el volumen total de este que el público desearía conservar sobrepasaría la oferta disponible y que, si la tasa de interés aumentara, habría un excedente de efectivo que nadie estaría dispuesto a atesorar—. Si esta explicación es acertada, la cantidad de dinero es el otro elemento que, en combinación con la predilección por la liquidez, determina la tasa real de interés en circunstancias dadas. La preferencia por la liquidez es una potencialidad o tendencia funcional que determina la cantidad de dinero que el público guardará cuando se conozca la tasa de interés; de tal manera que si r es la tasa de interés, M la cantidad de dinero y L la función de preferencia por la liquidez, tendremos $M = L(r)$. Tal es la forma y lugar en que la cantidad de dinero entra en el mecanismo económico.

Sin embargo, volvamos ahora hacia atrás y veamos por qué existe lo que se llama "preferencia por la liquidez". A este respecto, será conveniente emplear la vieja distinción entre el uso del dinero para las operaciones de negocios corrientes y el que tiene como reserva de valor. Por lo que respecta al primero de estos usos, es evidente que vale la pena sacrificar, hasta cierto punto, algún interés para aumentar la liquidez. Pero, dado que la tasa de interés nunca es negativa, ¿por qué alguien elegiría guardar su riqueza en una forma que rinde poco o ningún interés en lugar de conservarla en otra que sí lo da (suponiendo, claro está, por el momento, que el riesgo de pérdida es igual para un saldo bancario que para un bono)? La explicación completa es compleja. Existe, sin embargo, una condición necesaria sin la cual no podría haber preferencia de liquidez por el dinero como medio de conservar riqueza.

Dicha condición necesaria es la existencia de incertidumbre respecto al futuro de la tasa de interés, es decir, respecto al complejo de tasas para plazos variables que regirá en fechas futuras; porque si fuera posible pronosticar con certeza las que dominen en todo tiempo en el futuro, todas las tasas venideras podrían colegirse de las actuales para las deudas de distintos plazos, las que se ajustarían al conocimiento de las tasas futuras. Por ejemplo, si 1dr es el valor, en el presente año 1, de 1£ diferida r años y se sabe que ndr será el valor, en el año, n, de 1£ diferida r años a partir de la fecha dada, tendremos: $ndr = \dfrac{1dr+1}{1dr}$ de lo que se desprende que la tasa a que puede convertirse en efectivo cualquier deuda dentro de n años está determinada por dos de entre el complejo de tasas de interés corrientes. Si la actual es positiva para las deudas de cualquier plazo, ha de ser siempre más ventajoso comprar una deuda que guardar dinero como reserva de valor.

Si, por lo contrario, la tasa futura es incierta, no podemos inferir con seguridad que ndr tenga que ser igual a $ndr = \dfrac{1dr+1}{1dr}$ cuando llegue el momento. Por esta razón, si puede concebirse que aparezca la necesidad de dinero efectivo líquido antes de que se cumplan los n años, existe el peligro de incurrir en una pérdida al adquirir una deuda a largo plazo y convertirla después en efectivo, en vez de haber guardado dinero en esta forma. La ganancia actuarial o expectativa matemática de ganancia calculada de acuerdo con las posibilidades existentes –si es que puede calcularse, cosa que es dudosa– debe ser suficiente para compensar el riesgo del desengaño.

Además, todavía queda un campo más amplio para la preferencia por la liquidez que resulta de la incertidumbre respecto del futuro de la tasa de interés, a condición de que haya un mercado organizado para comerciar con deudas; porque las diferentes personas estimarán de modo diverso las probabilidades y cualquiera que difiera de la opinión predominante, tal como se manifiesta en las cotizaciones del mercado, puede tener algún motivo de peso para conservar recursos líquidos con el fin de realizar una ganancia, si está en lo justo, al comprobarse en el momento oportuno que los 1dr guardaban una relación equivocada entre sí.

Esto es muy semejante a lo que ya hemos estudiado con cierta amplitud al tratar de la eficiencia marginal del capital. Del mismo modo como hallamos que la eficiencia marginal del capital no se define por la "mejor" opinión, sino por la valoración del mercado, tal como la determina la psicología de masas, también las expectativas respecto al futuro de la tasa de interés, tal como las fija la misma psicología, tienen sus reacciones sobre la preferencia por la liquidez, pero con el añadido de que quien crea que las tasas futuras de interés superarán a las supuestas por el mercado, tiene razón para conservar dinero líquido real, en tanto el individuo que difiere del mercado en dirección contraria tendrá motivo para pedir dinero prestado a corto plazo con objeto de adquirir deudas a plazo más largo. El precio de mercado se fijará en el nivel en que las ventas de los "bajistas" y las compras de los "alcistas" se equilibren.

Puede decirse que las tres clases de preferencia por la liquidez que hemos distinguido antes dependen de: 1) el motivo transacción, es decir, la necesidad de efectivo para las operaciones corrientes de cambios personales y de negocios; 2) el motivo precaución, es decir, el deseo de seguridad respecto al futuro equivalente en efectivo de cierta parte de los recursos totales, y 3) el motivo especulativo, es decir, el propósito de conseguir ganancias por saber mejor que el mercado lo que el futuro traerá consigo. Igual que cuando analizábamos la expectativa marginal del capital, la cuestión de la deseabilidad de tener un mercado bien organizado para la compra-venta de deudas, nos presenta un problema: si no existe tal mercado, la preferencia por la liquidez debida al motivo precaución aumentaría mucho; en tanto que la existencia de un mercado organizado da oportunidad para grandes oscilaciones en la preferencia por la liquidez, debidas al motivo especulación.

Quizás se aclare el razonamiento si pensamos que la preferencia por la liquidez, debida al motivo transacción y al motivo precaución, absorben una cantidad en efectivo que no es muy sensitiva a las variaciones en la tasa de interés como tal y aparte de sus reacciones sobre el nivel del ingreso, de tal manera que la cantidad total de dinero, menos esa cantidad, está disponible para satisfacer la preferencia por la liquidez debida al motivo especulación, y que la tasa de interés y el precio de los bonos hayan sido fijados a un nivel en que el deseo de parte de ciertos individuos de mantener dinero en efectivo (porque a este nivel ellos se sienten "bajistas" en el futuro de los bonos) sea exactamente igual a la cantidad de efectivo disponible para el motivo especulación. Así, todo incremento en la cantidad de dinero debe hacer subir el precio de los valores lo suficiente para rebasar las expectativas de algunos "alcistas" e influir sobre ellos de modo tal que los vendan por efectivo y se sumen al grupo de los "bajistas". Sin embargo, si existe una demanda despreciable de efectivo para satisfacer el motivo de especulación, salvo para un intervalo corto de transición, un incremento en la cantidad de dinero tendrá que reducir la tasa de interés casi de inmediato en el grado que sea necesario para aumentar el empleo y la unidad de salarios lo suficiente para hacer que el efectivo adicional sea absorbido por los motivos transacción y precaución.

En general, podemos suponer que la curva de preferencia por la liquidez que liga la cantidad de dinero con la tasa de interés es dada por una curva suave que muestra cómo esa tasa va decreciendo a medida que la cantidad de dinero aumenta, porque existen diversas causas que llevan todas al mismo resultado.

En primer lugar, es posible que de acuerdo con el descenso de la tasa de interés, *ceteris paribus*, las preferencias por la liquidez, debidas al motivo transacción, absorban más dinero; porque si la baja en la tasa de interés aumenta el ingreso nacional, el volumen de dinero que conviene reservar para las transacciones crecerá más o menos en proporción al incremento en el ingreso; en tanto que, simultáneamente, descenderá el costo de la conveniencia de que abunde el efectivo disponible, medido en pérdida de interés. A menos que midamos la preferencia por la liquidez en unidades de salarios en lugar de hacerlo en dinero (lo que es conveniente en algunas situaciones), se producirán resultados semejantes si el aumento de ocupación consiguiente a una baja en la tasa de interés conduce a un aumento de los salarios, es decir, a un aumento en el valor monetario de la unidad de salarios. En segundo lugar, cada descenso de la tasa puede, como hemos visto, aumentar la cantidad de efectivo que algunos individuos deseen conservar, porque su visión respecto de la futura tasa de interés sea diferente de la del mercado.

Sin embargo, pueden desarrollarse determinadas circunstancias en que, incluso un aumento considerable de la cantidad de dinero puede ejercer un influjo comparativamente pequeño sobre la tasa de interés, porque ese gran aumento puede provocar tal incertidumbre respecto del porvenir que las preferencias por la liquidez debidas al motivo precaución pueden fortalecerse; en tanto que la opinión acerca de la futura tasa puede ser tan unánime que una pequeña variación en las presentes puede provocar una oleada de liquidaciones. Es llamativo que la estabilidad del sistema y su sensibilidad ante las variaciones en la cantidad de dinero deban depender en tal grado de la existencia de una variedad de opinión acerca de lo que es incierto. Lo mejor sería conocer el futuro, pero, de no ser así, si debemos orientar la actividad del sistema económico modificando la cantidad de dinero, es importante que las opiniones sean diferentes. Así, este método de control es más incierto en Estados Unidos, donde cada quien se inclina a tener la misma opinión al mismo tiempo, que en Inglaterra, donde las diferencias de opinión son más frecuentes.

III

Por primera vez, hemos ubicado el dinero en nuestro nexo causal y podemos dar un primer vistazo a la forma en que las variaciones en la cantidad de dinero entran en el sistema económico. Sin embargo, si nos vemos tentados de asegurar que el dinero es el tónico que incita la actividad del sistema económico, debemos recordar que el vino se puede caer entre la copa y la boca; porque, si bien puede esperarse que, *ceteris paribus*, un incremento en la cantidad de dinero haga descender la tasa de interés, esto no ocurrirá si las preferencias por la liquidez del público aumentan más que la cantidad de dinero; y en tanto puede esperarse que, *ceteris paribus*, un descenso en la tasa de interés haga crecer el volumen de la inversión, esto no sucederá si la curva de la eficiencia marginal del capital baja con mayor rapidez que la tasa de interés;

y mientras es de suponer que, *ceteris paribus*, un ascenso del volumen de la inversión haga subir el empleo, esto puede no suceder si la inclinación a consumir va en descenso. Finalmente, si la ocupación crece, los precios subirán en un grado regido en parte por la forma de las funciones físicas de oferta y, en parte, por la propensión de la unidad de salarios a subir en términos de dinero. Y, cuando la producción ha crecido y los precios han subido, el efecto de esto sobre la preferencia por la liquidez será aumentar la cantidad necesaria de dinero para sostener una determinada tasa de interés.

IV

Aunque la preferencia por la liquidez debida al motivo especulación corresponde a lo que en mi *Treatise on Money* denominé "el ambiente de bajismo", de ningún modo es lo mismo, porque el "bajismo" no se define allí como la relación funcional entre la tasa de interés (o precio de las deudas) y la cantidad de dinero, sino entre el precio del activo y las deudas, tomados en conjunto, y la cantidad de dinero. Esta idea, sin embargo, confundía los resultados debidos a una variación en la tasa de interés con los provenientes de otro en la curva de la eficiencia marginal del capital –lo que espero haber evitado aquí–.

V

El concepto de atesoramiento puede considerarse como una primera aproximación al de preferencia por la liquidez. Ciertamente, si fuéramos a sustituir "atesoramiento" por "propensión a atesorar" llegaríamos sustancialmente al mismo resultado. Pero si por "atesoramiento" queremos significar un aumento real en la tenencia de efectivo, es una idea incompleta, y seriamente desconcertante si nos hace pensar en "atesoramiento" y en "no atesoramiento" como simples alternativas, porque la decisión de atesorar no se toma en términos absolutos o sin tener en cuenta las ventajas ofrecidas por renunciar a la liquidez; es el resultado de comparar ventajas, y tenemos, por tanto, que saber lo que hay del otro lado. Aún más, no es posible que el monto real de atesoramiento varíe como resultado de las decisiones del público, en tanto por "atesoramiento" intentemos referirnos a la tenencia real del efectivo; porque el volumen de atesoramiento tiene que ser igual a la cantidad de dinero (o –en ciertas definiciones– a la cantidad de dinero menos lo que se requiere para satisfacer el motivo transacción); y la cantidad de dinero no está definida por el público. Todo lo que la inclinación de este al atesoramiento puede conseguir es fijar la tasa de interés a la que el deseo global de atesorar iguale al efectivo disponible. La costumbre de despreciar la relación de la tasa de interés con el atesoramiento puede explicar en parte por qué el interés ha sido generalmente considerado como la recompensa por no gastar, cuando en realidad es la recompensa por no atesorar.

Observaciones especiales sobre la naturaleza del capital

Un acto de ahorro individual significa –por decirlo así– el propósito de no comer hoy; pero no supone la necesidad de tomar una decisión de comer o comprar un par de botas dentro de una semana o de un año o de consumir cualquier cosa concreta en fecha alguna determinada. De esta manera deprime los negocios de la preparación de la comida de hoy sin estimular los que preparan algún acto futuro de consumo. No es una sustitución de la demanda de consumo presente por demanda de consumo futuro, sino una disminución neta de la primera. Todavía más, la expectativa de consumo futuro se fundamenta en tal medida en la experiencia actual del consumo presente que una disminución de este probablemente deprima al otro, con el resultado de que el acto de ahorro no solamente abatirá el precio de los artículos de consumo y dejará inalterada la eficiencia marginal del capital existente, sino que en realidad puede tender también a deprimir la última. En este caso, puede disminuir la demanda de inversión actual al igual que la del consumo presente.

Si el ahorro consistiera no solamente en inhibirse de consumir en el presente, sino en ubicar simultáneamente una orden específica para consumo posterior, el efecto podría ser diferente; porque, en tal caso, la expectativa del futuro resultado de la inversión mejoraría y los recursos liberados de la preparación del consumo presente podrían trasladarse a la del futuro. No que fueran necesariamente, aun en este caso, de una escala igual al monto de los recursos liberados; ya que el intervalo deseado de espera podría requerir un método de producción tan desfavorablemente "indirecto" que tuviera una eficacia bastante inferior a la tasa corriente de interés, con el resultado de que el efecto favorable sobre la ocupación del pedido hecho para consumo futuro no acontecería en seguida, sino en alguna fecha posterior; de tal manera que la consecuencia inmediata del ahorro seguiría siendo adversa a la ocupación. De todos modos, sin embargo, una decisión individual de ahorrar, de hecho no significa hacer un pedido concreto para consumo posterior, sino simplemente la cancelación de uno presente. Así, desde el momento que la expectativa de consumir es la única razón de ser del empleo, no debería haber nada de paradójico en el corolario de que la baja de la inclinación a consumir tenga, *ceteris paribus*, un efecto deprimente sobre la ocupación.

El inconveniente surge, pues, porque el acto de ahorro presupone no una sustitución del consumo presente por algún consumo adicional concreto cuya preparación necesite inmediatamente tanta actividad económica como se requiriera para el consumo actual igual en valor a la suma ahorrada; sino un deseo de "riqueza" como tal, es decir, de la potencialidad de consumir un artículo no especificado en una fecha indeterminada. La idea absurda, aunque casi universal, de que un acto de ahorro individual es precisamente tan bueno para la demanda efectiva como otro de consumo también individual ha estado alimentada por la falacia mucho más sustanciosa de que la conclusión derivada de ella, de que un deseo mayor de conservar riqueza —siendo en gran parte lo mismo que un mayor deseo de mantener inversiones— debe, al aumentar la demanda de inversión, estimular la producción respectiva; de modo que la inversión corriente es promovida por el ahorro individual en la misma medida que disminuye el consumo actual.

Es muy complicado desterrar esta falacia de la mente de los hombres. El engaño viene de creer que el propietario de riqueza desea un bien de capital por sí mismo, cuando, en realidad, lo que efectivamente desea es su rendimiento probable. Ahora bien, el rendimiento probable está subordinado enteramente a la expectativa de la futura demanda efectiva que habrá en relación con las futuras condiciones de la oferta. Por tanto, si un acto de ahorro no provoca ninguna mejora en el rendimiento probable, tampoco lo hará para estimular la inversión. Más todavía, con el fin de que un individuo que ahorra pueda lograr su deseado objetivo de posesión de riqueza, no es necesario que se produzca un nuevo bien de capital para satisfacerlo. El simple acto de ahorrar realizado por un individuo, siendo de dos caras, como hemos demostrado antes, obliga a algún otro individuo a transferirle alguna otra riqueza, vieja o nueva. Cada acto de ahorro implica una transferencia "forzada" ineludible de riqueza a quien ahorra, aunque él, a su vez, puede padecer las consecuencias del ahorro de otros. Estas transferencias de riqueza no requieren la creación de otra nueva —en realidad, como lo hemos visto, pueden ser enemigas activas de ella—. La creación de riqueza nueva depende completamente de que su rendimiento probable alcance el nivel establecido por la tasa corriente de interés. El rendimiento probable de la nueva inversión marginal no se incrementa por el hecho de que alguien desee acrecentar su riqueza, ya que el presente rendimiento de la nueva inversión marginal está en función de la expectativa de la demanda por un artículo determinado y en una fecha determinada. Tampoco eludimos esta conclusión con el argumento de que el propietario de riqueza desea, no un rendimiento probable dado, sino el mejor rendimiento en perspectiva y que esté disponible, de manera que un deseo mayor de poseer riqueza disminuye el rendimiento probable con que han de conformarse los productos de nuevas inversiones, porque esto desatiende el hecho de que siempre se puede oponer una alternativa a la propiedad de bienes reales de capital, o sea, la de dinero y deudas; de modo que el rendimiento probable con el cual los productores de inversiones recientes tienen que conformarse no puede caer más abajo del nivel establecido por la tasa corriente de interés. Y esta no depende, como hemos visto, de la fuerza del deseo de guardar riqueza, sino de la potencia de los deseos de conservarla en forma líquida o no líquida, respectivamente, junto con la dimensión de la oferta de riqueza en una de esas formas en relación con la oferta de esta en la otra. Si el lector se encuentra todavía perplejo, que se pregunte por qué, si permanece inalterable la cantidad de dinero, un nuevo acto de ahorro disminuye la suma que se desea guardar en forma líquida a la tasa existente de interés.

II

Es mucho mejor hablar de que el capital da un rendimiento mientras dura, como excedente sobre su costo original, que decir que es productivo; porque la única razón por la cual un bien ofrece posibilidades de rendimiento mientras dura y sus servicios tienen un valor total mayor que su precio de oferta inicial se debe a que es escaso; y sigue siéndolo por la competencia de la tasa de interés del dinero. Si el capital se vuelve menos escaso, el excedente de rendimiento disminuirá, sin que se haya hecho menos productivo —al menos en sentido físico.

Por eso coincido con la doctrina preclásica de que todo es producido por el trabajo, ayudado por lo que acostumbraba llamarse arte y ahora se llama técnica, por los recursos naturales libres o que cuestan una renta, según su escasez o abundancia, y por los resultados del trabajo pasado, incorporado en los bienes, que también tiene un precio de acuerdo con su escasez o con su abundancia. Es preferible considerar al trabajo, que incluye, por supuesto, los servicios personales del empresario y sus colaboradores, como el único factor de la producción que opera dentro de un determinado ambiente de técnica, recursos naturales, equipo de producción y demanda efectiva. Esto explica, en parte, por qué hemos podido tomar la unidad de trabajo como la única unidad física que necesitamos en nuestro sistema económico, aparte de las de dinero y de tiempo.

Es verdad que algunos procesos largos o indirectos son físicamente eficaces; pero lo mismo pasa con otros que son cortos. Los duraderos no son físicamente eficientes porque son largos, sino que algunos, probablemente la mayor parte, serían físicamente muy ineficaces, debido a que hay posibilidades como las de echarse a perder o desgastarse con el tiempo. Para determinada fuerza de trabajo hay un límite definido a la cantidad de este que se incorpora en los procesos indirectos, y que puede usarse ventajosamente. Fuera de otras consideraciones, debe haber una proporción definida entre la cantidad de trabajo empleada en hacer máquinas y la que se emplea en usarlas. La última cantidad de valor no aumentará de manera indefinida, relativamente a la magnitud del trabajo empleado, a medida que los procesos adoptados se hacen más y más indirectos, aun en el caso de que su eficacia física esté aumentando todavía. Sólo si el deseo de aplazar el consumo fuera lo bastante intenso para producir una situación en que la ocupación plena requiriera un volumen de inversión tan grande que significara una eficiencia marginal negativa del capital, sería ventajoso un proceso por el simple hecho de ser duradero; caso en el cual deberíamos emplear procesos que son físicamente ineficientes a condición de que fueran lo bastante largos para que la ganancia proporcionada por su aplazamiento equilibrara su ineficacia. Nos encontraríamos, de hecho, ante una situación en la cual los procesos cortos tendrían que conservarse lo bastante escasos para que su eficiencia física equilibrara la desventaja de la pronta entrega de su producto. Una teoría correcta, por tanto, debe ser reversible, de manera que pueda abarcar los casos de la eficiencia marginal del capital correspondiente a una tasa positiva o negativa de interés; y, según creo, solamente la teoría de la escasez delineada antes es capaz de conseguirlo.

Aun más, hay muchos motivos por los cuales varias clases de servicios y facilidades son escasos y, por tanto, caros, relativamente a la cantidad de trabajo que suponen. Por ejemplo, los procesos malolientes requieren una recompensa mayor, debido a que la gente no los emprendería de otro modo. Lo mismo sucede con los arriesgados; pero no delineamos una teoría de la productividad de esos procesos como tales. En resumen, no todo el trabajo se desempeña en circunstancias igualmente agradables; y las condiciones de equilibrio requieren que los artículos producidos en condiciones menos atractivas (caracterizados por su mal olor, el riesgo o el transcurso del tiempo) deben seguir siendo bastante escasas para que puedan alcanzar un precio más alto. Pero si el correr del tiempo llega a ser una circunstancia agradable, lo que es muy posible y ya es válido para muchos individuos, entonces, como dije antes, son los procesos cortos los que deben seguir siendo suficientemente escasos.

Dado el grado óptimo de lo indirecto de la producción (*roundaboutness*) elegiremos, por supuesto, los procesos indirectos más eficaces que podamos hallar para lograr el total requerido. Pero el volumen óptimo en sí mismo debiera ser tal que abasteciera en las fechas que correspondan aquella parte de la demanda de los consumidores que se desee aplazar. Es decir, en condiciones óptimas, la producción debiera organizarse de tal modo que proveyera del modo más eficaz y compatible con la entrega en las fechas en que espera que la demanda de los consumidores sea efectiva. No tiene objeto producir para entregar en fechas diferentes de estas, incluso cuando la producción física pudiera aumentarse cambiando el momento de la entrega —excepto en la medida en que, por decirlo así, la probabilidad de una comida más abundante induzca al consumidor a anticipar o retardar la hora de comer—. Si luego de oír todos los detalles relativos a las comidas que pueden obtenerse fijando el momento de comer en horas diferentes, se espera que el consumidor vaya a decidirse en favor de las ocho, compete al cocinero proveer la mejor comida que pueda para servirla a esa hora, sin tener en cuenta que las siete y media, las ocho o las ocho y media fuera la que más le conviniera si el tiempo no tuviera importancia alguna, en uno o en otro sentido, y su única tarea fuese producir la mejor en términos absolutos. En ciertas fases de la sociedad, cabría que pudiéramos obtener comidas físicamente mejores tomándolas más tarde de lo que acostumbramos; pero es igualmente concebible que, en otras fases, pudiéramos conseguirlas mejores haciéndolo más temprano. Como ya se dijo, nuestra teoría debe ser aplicable a los dos casos.

Si la tasa de interés fuese cero, existiría un intervalo óptimo para cualquier artículo dado, entre la fecha promedio del insumo de factores productivos y la de consumo, para el cual el costo en trabajo sería mínimo —un proceso de producción más corto sería menos eficaz técnicamente, en tanto que otro más largo lo sería también por razón de los costos de almacenamiento y deterioro—. No obstante, si la tasa está por encima de cero, se introduce un nuevo elemento de costo que aumenta con la duración del proceso, de tal manera que el intervalo óptimo se reducirá y el insumo corriente de factores productivos para proveer a la entrega eventual del artículo tendrá que ser recortado hasta que el precio probable haya subido lo suficiente para cubrir el aumento del costo –un costo que ascenderá tanto por los cargos de interés como por la eficiencia decreciente del método abreviado de producción–. Por el contrario, si la tasa de interés desciende por debajo de cero (suponiendo que esto sea técnicamente posible) sucederá al revés. Dado el cálculo de la demanda de los consumidores, el insumo corriente de factores productivos en la actualidad tiene que competir, por decirlo así, con la alternativa de comenzar el insumo en una fecha posterior; y, en consecuencia, el insumo corriente solamente valdrá la pena cuando la mayor baratura de producir después en lugar de hoy, por razón de la mayor eficacia técnica o de los cambios probables en los precios, sea insuficiente para equilibrar la reducción del ingreso debida al interés negativo. En el caso de la gran mayoría de los artículos, supondría una gran ineficacia técnica anticipar el insumo de factores más allá de un pequeño período de tiempo, que adelante a su probable consumo. De esta manera, aunque la tasa de interés sea cero, hay un límite estricto para la proporción de la demanda probable de los consumidores en que es provechoso comenzar a proveer por adelantado; y a medida que la tasa asciende, la proporción de la demanda probable de los consumidores para la que conviene producir en la actualidad se acorta *pari passu*.

III

Vimos que el capital debe conservarse lo bastante escaso, a la larga, para que tenga una eficiencia marginal al menos de la misma cantidad que la tasa de interés durante un período igual a la duración del capital, de acuerdo con las condiciones psicológicas e instituciones. ¿Qué querría decir esto para una sociedad dispuesta a ahorrar en condiciones de ocupación plena y tan bien dotada de capital que la eficiencia marginal de esta fuera cero, y que con una inversión adicional se volvería negativa; contando, a pesar de ello, con un sistema monetario tal que el dinero "conserve" y suponga costos de almacenamiento y custodia irrisorios, de modo que en la práctica el interés no podría ser negativo?

Si en dicha situación, partimos de la posición de pleno empleo, los empresarios necesariamente tendrán pérdidas, de continuar ofreciendo empleo en una escala que use la totalidad de la existencia de capital. En consecuencia, el capital existente y el nivel de ocupación tendrán que disminuirse hasta que la comunidad se empobrezca de tal modo que el conjunto de los ahorros haya llegado a cero, y se mantiene neutralizado el ahorro positivo de ciertos individuos o grupos por el ahorro negativo de otros. Así, para una sociedad tal como la que hemos *supuestos*, la posición de equilibrio, en condiciones de *laissez faire*, será aquella en que el empleo sea lo bastante bajo y el nivel de vida suficientemente miserable para empujar los ahorros hasta cero. Lo más probable será que haya un movimiento cíclico alrededor de esta posición de equilibrio, dado que si todavía queda lugar para la incertidumbre acerca del futuro, la eficiencia marginal del capital subirá incidentalmente sobre cero y conducirá a un "auge"; y, en la siguiente "depresión", la existencia de capital puede bajar durante cierto tiempo a un nivel inferior al que rendiría a la larga una eficiencia marginal de cero. Suponiendo que el pronóstico sea correcto, la existencia de capital correspondiente al equilibrio que tendrá precisamente una eficiencia marginal de cero, será menor, por supuesto, que la correspondiente a la ocupación plena del trabajo disponible; porque el equipo que corresponde a esa magnitud de desocupación será el que asegure un ahorro nulo.

La única posición alternativa de equilibrio estaría determinada por un estado de cosas tal que una existencia de capital lo bastante grande para tener una eficiencia marginal de cero representara también una cantidad de riqueza de magnitud suficiente para saciar por completo el deseo global por parte del público de hacer provisión para el futuro, aun con ocupación completa, en circunstancias tales que no pueda obtenerse bonificación en forma de interés. No obstante, sería una coincidencia poco probable que la propensión a ahorrar en condiciones de plena ocupación se satisficiera justamente en el nivel donde la existencia de capital llega al punto en que su eficiencia marginal fuese cero. Por lo tanto, si esta posibilidad más favorable salva la situación, probablemente tendrá impacto, no en el nivel preciso donde la tasa de interés se desvanece, sino en algún otro previo, durante la baja paulatina de dicha tasa.

Hasta ahora pensamos en un factor institucional que impide a la tasa de interés ser negativa, en forma de dinero con costos de conservación irrisorios. De hecho, sin embargo, existen factores institucionales y psicológicos que marcan un límite muy por encima de cero a la baja practicable en la tasa de interés. En particular, los costos de poner en contacto a prestamistas y prestatarios de crédito y la incertidumbre respecto a la tasa futura de interés, que hemos examinado antes, marcan un límite inferior que, en las circunstancias presentes, puede ser tal vez tan alto como 2 o 2½% a plazo largo. Si esto es acertado, puede presentarse muy pronto en la práctica la compleja posibilidad de una existencia creciente de riqueza en condiciones que no permiten a la tasa de interés descender más en un régimen de *laissez faire*. Más todavía, si el nivel mínimo al que puede llevarse la tasa está apreciablemente por encima de cero, queda una probabilidad menor de que el deseo global de acumular riqueza se sacie antes de que dicha tasa haya llegado a su nivel mínimo.

La experiencia de posguerra de Gran Bretaña y de Estados Unidos ofrece ejemplos reales de cómo una acumulación de riqueza tan grande que su eficiencia marginal haya caído más rápidamente de lo que la tasa de interés, está en posibilidad de descender en presencia de los factores institucionales y psicológicos que prevalezcan, puede interferir, en condiciones principalmente de *laissez faire*, con una magnitud razonable de ocupación y con el nivel de vida que condiciones técnicas de producción sean capaces de ofrecer.

Se desprende que de dos comunidades iguales, con la misma técnica pero distinta existencia de capital, la que tenga menos puede ser capaz, por lo pronto, de gozar de un nivel de vida más alto que la comunidad que tenga más; aunque cuando la más pobre haya alcanzado a la rica —como puede presumirse que sucederá eventualmente— ambas sufrirán igualmente la suerte de Midas. Esta inquietante conclusión depende, lógicamente, del supuesto de que la inclinación a consumir y la tasa de inversión no estén controladas deliberadamente con miras al interés social, sino que se abandonen en su mayor parte a la influencia del *laissez faire*.

Si —por cualquier razón— la tasa de interés no puede descender tan de prisa como disminuiría la eficiencia marginal del capital con una velocidad de acumulación correspondiente a lo que la comunidad optaría por ahorrar con una tasa de interés igual a la eficiencia marginal del capital en condiciones de ocupación plena, entonces aun la misma desviación del deseo de guardar riqueza hacia el de conservar bienes, que no tendrá seguramente fruto económico alguno, aumentará el bienestar económico. El día en que la abundancia de capital interfiera con la de producción puede postergarse en la medida en que los millonarios encuentren satisfacción en edificar poderosas mansiones para encerrarse en ellas mientras vivan y pirámides para albergarse después de muertos o, arrepintiéndose de sus pecados, levanten catedrales y funden monasterios o misiones extranjeras. "Abrir hoyos en el suelo", pagando con ahorros, no hará crecer únicamente la ocupación, sino el dividendo nacional real de bienes y servicios útiles.

No es razonable, sin embargo, que una comunidad sensata se conforme con depender de paliativos tan fortuitos y con frecuencia tan onerosos, cuando ya sabemos de qué influencias depende la demanda efectiva.

IV

Supongamos que se establecen normas para asegurar que la tasa de interés corresponda a la de inversión propia del pleno empleo. Supongamos, además, que la acción del Estado interviene como un elemento de compensación para intentar que el crecimiento del equipo productor sea el adecuado para alcanzar la saturación a una tasa que no arroje una carga desproporcionada sobre el nivel de vida de la generación presente.

En tales supuestos, podría decirse que una comunidad dirigida convenientemente y equipada con recursos técnicos modernos, cuya población no crezca velozmente, debería ser capaz de reducir la eficiencia marginal del capital, en estado de equilibrio, aproximadamente a cero en una sola generación; de modo tal que se alcanzaran las condiciones de una comunidad cuasiestacionaria, en la que los cambios y el progreso resultarían únicamente de modificaciones en la técnica, los gustos, la población y las instituciones, y se vendieran los productos del capital a un precio proporcionado al trabajo, etc., incorporados en ellos; de acuerdo precisamente con los mismos principios que rigen los precios de los artículos de consumo que tienen costos insignificantes por concepto de capital.

Si estoy acertado al suponer que es relativamente simple hacer que los artículos de capital sean tan abundantes que la eficiencia marginal del capital sea cero, este puede ser el camino más sensato para librarse gradualmente de muchas de las características objetables del capitalismo; porque un poco de reflexión mostrará los enormes cambios sociales que resultarían con la desaparición gradual de la tasa de rendimiento sobre la riqueza acumulada. Cualquier individuo podría aún guardar su ingreso ganado con intención de gastarlo en una fecha posterior; pero su acumulación aumentaría. Simplemente estaría en la posición del padre Pope, quien, al retirarse de los negocios, se llevó un cofre lleno de dinero a su villa de Twickenham y atendía con él a sus gastos domésticos según lo iba necesitando. Aunque desaparecería el rentista, todavía habría lugar, sin embargo, para la empresa y la habilidad en el cálculo de los rendimientos probables acerca de los cuales las opiniones pudieran diferir; porque lo anterior se refiere en primer lugar a la tasa pura de interés, independientemente de lo que se previera en concepto de riesgos y cosas semejantes, y no al rendimiento bruto de los bienes, incluido el referente al riesgo. De esta manera, a menos que la tasa pura de interés se mantuviera en una cifra negativa, todavía habría un rendimiento positivo para la inversión hábil en determinados bienes con dudosa posibilidad de rendir ganancias. Siempre que hubiera cierto rechazo mensurable a correr riesgos, habría también un rendimiento neto positivo del conjunto de tales bienes en un período de tiempo; pero no es improbable que, en tales circunstancias, el interés por alcanzar un rendimiento de las inversiones dudosas pudiera ser tal que produjera en conjunto un rendimiento neto negativo.

Las propiedades esenciales del interés y el dinero

Parece ser, entonces, que la tasa monetaria de interés desempeña un papel peculiar en la fijación de un límite al volumen de ocupación, desde el momento en que marca el nivel que debe alcanzar la eficiencia marginal de un bien de capital durable para que se vuelva a producir. Que esto debería ser así resulta de lo más confuso a primera vista. Es natural tratar de averiguar en dónde reside la peculiaridad del dinero que lo distingue de los otros bienes, si sólo el dinero tiene una tasa de interés y qué sucedería en una economía no monetaria. Hasta que hayamos contestado estas preguntas no quedará claro el significado completo de nuestra teoría.

La tasa monetaria de interés –permítasenos recordar al lector– no es otra cosa que el porcentaje de excedente de una suma de dinero contratada para entrega futura, por ejemplo, a un año de plazo, sobre lo que podemos llamar el precio inmediato (spot) o efectivo de esa suma. Parecería, por tanto, que para cada clase de bienes de capital durables debería existir una tasa análoga a la del interés sobre el dinero, porque hay una cantidad definida de, por ejemplo, trigo para ser entregada en el plazo de un año que tiene hoy el mismo valor en cambio que 100 arrobas de trigo para entrega inmediata. Si la primera cantidad es 105 arrobas, podemos decir que la tasa-trigo de interés es de 5% anual; y si es 95 arrobas, que es menos 5% anual. Así, para cada bien durable tenemos una tasa de interés medida en términos de sí mismo: una tasa-trigo de interés, una tasa-casa de interés, una tasa-casa de interés, e, incluso, una tasa-planta-de-acero de interés.

La diferencia entre los contratos "futuros" y a la "vista", que se cotizan en el mercado, sobre un bien como el trigo, tiene una relación definida con la tasa-trigo de interés; pero desde el momento en que el contrato a futuro se cotiza en dinero para entrega futura y no en trigo para entrega inmediata, también trae a colación la tasa de interés monetaria. La relación exacta es como sigue: supongamos que el precio del trigo para entrega inmediata es de 100 libras esterlinas por 100 arrobas, que el precio del trigo en contrato a "futuro" para entregar dentro de un año, es de 107 libras por 100 arrobas, y que la tasa de interés monetaria es de 5%; ¿cuál es la tasa-trigo de interés? 100 libras esterlinas comprarán hoy 105 para entrega futura, y 105 libras para entrega futura comprarán $\frac{105}{107}$ · 100 (= 98) arrobas en las mismas condiciones. A su vez 100 libras hoy comprarán 100 arrobas de trigo para entrega inmediata. De este modo, 100 arrobas de trigo para entrega inmediata comprarán 98 arrobas para una futura. De ahí se deduce que la tasa-trigo de interés es menos 2% anual.

De aquí se desprende que no hay motivo por el cual las tasas de interés deban ser iguales para bienes diferentes —para que la tasa-trigo de interés deba ser igual a la tasa-cobre de interés—; porque la relación entre los contratos a la "vista" y a "futuro", tal como se cotizan en el mercado, es notoriamente distinta para diferentes bienes. Esto, como veremos, nos llevará a la pista que estamos buscando; porque puede suceder que sea la mayor de las tasas propias de interés (como podríamos llamarlas) la que lleve la batuta (pues es la mayor de las tasas la que la eficiencia marginal de un bien durable de capital debe alcanzar para que pueda volver a producirse); y porque hay razones para que la tasa monetaria de interés sea a menudo la mayoría de todas (pues, como se verá, ciertas fuerzas que operan para reducir las tasas propias de interés de otros bienes no actúan, en el caso del dinero).

Se puede agregar que, tal como en un momento cualquiera existen diferentes tasas-mercancías de interés, también los cambistas están familiarizados con el hecho de que la tasa de interés no es igual siquiera para dos monedas distintas, por ejemplo, libras esterlinas y dólares; porque aquí también las diferencias entre los contratos a la "vista" y a "futuro" para una moneda extranjera en términos de la libra esterlina no son, por lo general, iguales para las diversas monedas extranjeras.

Ahora bien, cada una de estas mercancías-patrón nos otorga la misma facilidad que el dinero para calcular la eficiencia marginal del capital, porque podemos tomar cualquiera que elijamos, por ejemplo, el trigo; calcular el valor-trigo de los rendimientos probables de cualquier bien capital y la tasa de descuento que iguala el valor presente de estas series de anualidades de trigo al precio actual de oferta del bien en términos de trigo nos da la eficiencia marginal de dicho bien en términos de trigo. Si no se espera ningún cambio en el valor relativo de dos patrones alternativos, la eficiencia marginal de un bien de capital será la misma en cualquiera de ambos que se mida, ya que el numerador y el denominador de la fracción que nos da la eficiencia marginal cambiarán en la misma proporción. Sin embargo, si se espera que uno de esos dos patrones alternativos cambie de valor en términos del otro, las eficiencias marginales de los bienes de capital variarán en el mismo porcentaje, de acuerdo con el patrón en que se midan. Para explicar esto tomemos el caso más simple en que se espera que el trigo, uno de los dos patrones, suba de valor a un ritmo de a % anual en términos de dinero; la eficiencia marginal de un bien, que es x % en dinero, será entonces x - a % en términos de trigo. Desde el momento que las eficiencias marginales de todos los bienes de capital se alterarán en la misma proporción, se deduce que el orden de su magnitud será igual, independientemente del patrón que se elija.

Si existiera alguna mercancía compuesta que pudiera tomarse en sentido estricto como representativa, podríamos considerar la tasa de interés y la eficiencia marginal del capital, en términos de esa mercancía, como si fueran, en cierto sentido, la tasa de interés única y la eficiencia marginal única del capital. Pero existen, por cierto, los mismos impedimentos para lograr esto que cuando se trata de fijar un patrón de valor único. Por tanto, hasta ahora, la tasa monetaria de interés no es singular, comparada con otras, sino que se encuentra precisamente en el mismo caso. ¿Dónde está, entonces, la peculiaridad de la tasa monetaria de interés que le da la importancia práctica predominante? ¿Por qué han de estar el volumen de la producción y ocupación más íntimamente ligados con la tasa monetaria de interés que con la tasa-trigo o con la tasa-casa?

II

Examinemos cuáles serán probablemente las tasas-mercancías de interés en un período de (digamos) un año para los diferentes tipos de bienes. Desde el momento en que tomamos cada bien como patrón, por turno, los rendimientos de cada uno deben considerarse a este propósito como medidos en términos de sí mismos.

Existen tres atributos que los diversos tipos de bienes poseen en distinta medida y son los siguientes:

1) Algunos dan un rendimiento o producción q, medido en términos de ellos mismos, por contribuir en algún proceso productivo o por procurar servicios a un consumidor.

2) La mayor parte de los bienes, salvo el dinero, sufre desgaste o supone algún costo por el simple paso del tiempo

(aparte de cualquier cambio en su valor relativo), independientemente de que se usen para dar un rendimiento; es decir, entrañan un costo de almacenamiento c medido en términos de sí mismos.

No es importante para nuestro fin actual dónde tracemos exactamente la línea entre los costos que deducimos antes de calcular q y los que incluimos en c, ya que en lo que sigue nos ocuparemos específicamente de q – c.

3) Finalmente, el poder de disponer de un bien durante determinado período puede ofrecer una conveniencia o seguridad potencial que no son iguales para bienes de distinta clase aunque los bienes sean del mismo valor inicial. No existe, por así decirlo, ningún resultado tangible en forma de producción al final del período y, no obstante, es una cosa por la cual la gente está dispuesta a pagar algo. La cantidad (medida en términos de sí misma) que está dispuesta a pagar por la conveniencia o la seguridad potenciales proporcionadas por este poder de disponer (deducción hecha del rendimiento o el costo de almacenamiento que lleva consigo el bien) la llamaremos su "prima de liquidez l". Se desprende que el rendimiento total que se espera de la propiedad de un bien, durante un período cualquiera, es igual a su rendimiento menos su costo de almacenamiento más su prima de liquidez, es decir, a q – c + l. Es decir, q – c + l es la tasa de interés propia de cualquier bien, donde q, c y l se calculan en unidades de sí mismos como patrón.

Es propio del capital instrumental (por ejemplo, una máquina) o del capital de consumo (por ejemplo, una casa) en uso, que su rendimiento sobrepase normalmente al costo de almacenamiento, en tanto que su prima de liquidez es probablemente desdeñable; de una existencia de bienes líquidos o de un excedente almacenado de capital instrumental o de consumo, que incurra en un costo de almacenamiento, medido en unidades de sí mismo, sin que dé rendimiento alguno para compensarlo, en ese caso, generalmente, es despreciable también la prima de liquidez, tan pronto como las existencias exceden de nivel moderado, aunque susceptible de ser de importancia en circunstancias especiales; y del dinero que su rendimiento es nulo y su costo de almacenamiento desdeñable, pero su prima de liquidez, sustancial. Sin dudas, los diferentes bienes pueden tener grados desiguales de prima de liquidez, y el dinero puede incurrir en cierto volumen de costos de almacenamiento, por ejemplo, por la necesidad de custodia. Pero es una diferencia esencial entre el dinero y todos los demás (o la mayoría) que en el caso del primero su prima de liquidez exceda con mucho a su costo de almacenamiento, mientras que en el de los otros bienes este último es mucho mayor que la prima de liquidez. Supongamos, como ejemplo, que el rendimiento de las casas es q_1 y su costo de almacenamiento y primas de liquidez insignificantes, que para el trigo el costo de almacenamiento es c_2 y el rendimiento y la prima de liquidez de poca importancia; y que para el dinero la prima de liquidez es l_3 y el rendimiento y el costo de almacenamiento despreciables. Es decir, q_1 es la tasa-casa de interés, $-c_2$ la tasa trigo de interés y l_3 la tasa monetaria de interés.

Con objeto de definir las relaciones entre los rendimientos esperados de los diferentes tipos de bienes, compatibles con el equilibrio, es necesario saber también cuáles se cree que serán los cambios en los valores relativos durante el año. Considerando el dinero (que sólo necesita ser una moneda de cuenta para este objeto, e igual podríamos tomar el trigo) como nuestro patrón de medida, sea el porcentaje de apreciación (o depreciación) esperado de las casas y el del trigo a_2. Hemos llamado a q_1, $-c_2$ y l_3 las tasas propias de interés de las casas, del trigo y del dinero, medidas en términos de sí mismas como patrón de valor; es decir, q_1 es la tasa-casa de interés medido en casas, $-c_2$ es la tasa-trigo de interés medido en trigo y l_3 es la tasa monetaria de interés medida en dinero. También convendrá

llamar a1 q1, a2 – c2 y l3, que responden a las mismas cantidades reducidas a dinero como patrón de valor, a la tasa-casa
de interés monetario, a la tasa-trigo de interés monetario y a
la tasa-dinero de interés monetario, respectivamente. Con
esta observación es fácil ver que la demanda de los poseedores
de riqueza se orientará a las casas, al trigo o al dinero, según
cuál sea mayor, si a1 + q1, a2 – c2 o l3. De esta manera, en
equilibrio, el precio de demanda de las casas y del trigo en términos de dinero será tal que no haya por qué escoger, en lo
que respecta a ventajas, entre las varias alternativas –es decir,
a1 q1, a2 – c2 y l3 serán iguales–. La elección de patrón de
valor no influirá sobre este resultado, porque un cambio de un
patrón a otro cambiará todos los términos por igual, es decir,
en una cantidad idéntica a la tasa de apreciación (o depreciación) que se espera en el nuevo patrón medido por el anterior.

Ahora bien, se producirán de nuevo aquellos bienes cuyo
precio de oferta normal sea menor que el de demanda, y aquellos bienes serán los que tengan una eficiencia marginal mayor
(sobre la base de su precio de oferta normal) que la tasa de
interés (estando ambos medidos en el mismo patrón de valor,
cualquiera que sea). A medida que aumenta la existencia de
bienes, cuya eficiencia marginal era al principio por lo menos
igual a la tasa de interés, esa eficiencia marginal tiende a bajar
(por las razones bastante obvias que ya se dieron). De esta
manera, llegará un momento en que ya no sea costeable pro-
ducirlos, a menos que la tasa de interés descienda *pari passu*.
Cuando no haya bien alguno cuya eficacia marginal alcance
a la tasa de interés, se suspenderá la producción de bienes de
capital.

Supongamos (como mera hipótesis en esta etapa del
razonamiento) que existe algún bien (por ejemplo, el dinero) cuya tasa de interés es fija (o baja más despacio, al crecer la producción, que cualquier otra tasa-mercancía de interés); ¿cómo se ajusta esta posición? Desde el momento en

que a1 + q1, a2 − c2 y l3 son necesariamente iguales, y como l3 es, por hipótesis, fijo o desciende más lentamente que q1 o −c2 se sigue que a1 y a2 deben ir en aumento. Dicho de otro modo, el precio actual en dinero de todo bien distinto tiende a bajar proporcionalmente al precio que se espera tendrá en el futuro. De aquí que si q1 y −c2 continúan descendiendo, llegará un momento en que no será lucrativo producir ninguno de estos bienes, salvo que se opere un alza de tal dimensión en el costo de producción en alguna fecha futura sobre el actual que cubra el de almacenamiento de lo producido en el presente, desde el momento actual hasta la fecha probable en que el precio sea mayor.

Ahora, resulta evidente que nuestra afirmación anterior en el sentido de que la tasa monetaria de interés marca un límite a la tasa de producción, no es estrictamente correcta. Deberíamos haber dicho que la tasa de interés del bien que desciende más lentamente a medida que la existencia de bienes en general aumenta, es la que eventualmente elimina la producción costeable de cada uno de los otros —salvo en la contingencia que acaba de mencionarse, de una relación especial entre los costos presentes y probables de producción—. A medida que esta aumenta, las tasas propias de interés bajan a niveles en los cuales un bien tras otro cae por debajo del que corresponde a la producción costeable, —hasta que, finalmente, una o más tasas propias de interés permanecen a nivel superior a la eficiencia marginal de cualquier bien.

Si por dinero entendemos el patrón de valor, resulta claro que no es necesariamente la tasa de interés monetaria la que ocasiona el trastorno. No podríamos librarnos de nuestros inconvenientes (como algunos han supuesto) decretando simplemente que el trigo o las casas serán el patrón de valor en vez del oro o la libra esterlina; porque ahora vemos que surgirán idénticas dificultades si continúa existiendo algún bien cuya tasa propia de interés se resista a bajar cuando la producción crezca. Puede ocurrir, por ejemplo, que el oro continúe cumpliendo este papel en un país que ha adoptado un patrón de papel inconvertible.

III

Por lo tanto, al otorgar un significado particular a la tasa monetaria de interés, supusimos de manera tácita que la clase de dinero a que estamos acostumbrados tiene algunas características especiales que hacen que su tasa propia de interés, medida en unidades de sí misma como patrón, sea más resistente al descenso que las tasas propias de interés de cualquier otro bien medido en la misma forma, cuando la producción aumenta. ¿Está justificada esta suposición? En mi opinión, la reflexión muestra que las particularidades siguientes, que caracterizan de ordinario al dinero tal como lo conocemos son capaces de justificarla. En la medida en que el patrón de valor establecido tenga estas peculiaridades, será válida la proposición sumaria de que la importante es la tasa monetaria de interés.

1) La primera propiedad que lleva al corolario anterior es el hecho de que el dinero tiene, tanto a la larga como a la corta, una elasticidad de producción de cero o, en todo caso, una muy pequeña, por lo que respecta al poder de la empresa privada, como cosa distinta de la autoridad monetaria – queriendo decir por elasticidad de producción a este respecto la reacción del volumen de mano de obra dedicado a producirla ante un aumento en la cantidad de trabajo que se puede comprar con una unidad de esta–. Esto quiere decir que el dinero no se puede producir fácilmente –los empresarios no pueden aplicar a voluntad trabajo a producir dinero en cantidades crecientes a medida que su precio sube en términos de unidades de salarios–. En el caso de una moneda inconvertible

dirigida, esta condición se satisface estrictamente: pero en el de una moneda de patrón oro, es también aproximadamente lo mismo, en el sentido de que la máxima adición proporcional a la cantidad de trabajo que puede ser empleada de esta manera es muy pequeña, excepto, desde luego, en un país en el que la minería de oro sea la industria principal.

Ahora bien, en el caso de los bienes que tengan cierta elasticidad de producción, el motivo por el cual admitimos que su tasa propia de interés decae fue porque supusimos que su existencia crecía como consecuencia del mayor coeficiente de producción. En el caso del dinero, sin embargo —posponiendo, por el momento, el examen de los resultados de reducir la unidad de salarios o de un aumento deliberado en su abastecimiento por la autoridad monetaria—, la oferta es fija. Así, la característica de que el dinero no puede producirse fácilmente mediante trabajo, da motivo para suponer *prima facie* que no es correcto el punto de vista de que su tasa propia de interés será relativamente refractaria a descender; mientras que si pudiera cultivarse dinero como una cosecha o manufacturarse como un motor de automóvil, las depresiones podrían evitarse o mitigarse, porque, si el precio de otros bienes tendiera a bajar en términos de dinero, podría diversificarse más trabajo hacia la producción de bienes —como vemos que es lo que sucede en los países de minería de oro, aunque para el mundo en conjunto la desviación máxima en este sentido es casi insignificante.

2) Es obvio, no obstante, que no solo el dinero satisface la condición anterior, sino también todos los factores de renta puros, cuya producción sea completamente inelástica. Por lo tanto, se requiere una segunda condición para diferenciar al dinero de otros elementos de renta.

La segunda diferencia del dinero es que tiene una elasticidad de sustitución igual, o casi igual, a cero, lo que significa que a medida que el valor en cambio del dinero sube, no hay tendencia a sustituirlo por algún otro factor –salvo, tal vez, en proporción insignificante, cuando el dinero mercancía se usa también en la manufactura o en las artes–. Esto viene de esa particularidad del dinero de que su utilidad se deriva únicamente de su valor en cambio, en tal forma que los dos suben y bajan *pari passu*, por lo que resulta que cuando el valor en cambio del dinero aumenta, no existe motivo o tendencia, como en el caso de los elementos de renta, a sustituirlo por algún otro factor.

De este modo, resulta que no solamente es imposible dedicar más mano de obra a la producción de dinero cuando su precio en trabajo asciende, sino que el dinero es un sumidero sin fondo para el poder de compra cuando su demanda aumenta, ya que no hay para este un valor tal que haga desviarse a la demanda –como en el caso de otros factores de renta–, de modo que la demanda de él derive hacia otras cosas.

La única salvedad que debe hacerse a este respecto surge cuando el alza en el valor del dinero ocasiona incertidumbre respecto a la futura persistencia del alza; caso en el cual, a1 y a2 se elevan, lo que equivale a un aumento del interés monetario en las tasas-mercancías y es, por tanto, un estimulante de la producción de otros bienes.

3) En tercer lugar, es necesario analizar si estas conclusiones se alteran por el hecho de que, incluso cuando la cantidad de dinero no puede incrementarse desviando trabajo para producirlo, sin embargo, el supuesto de que su oferta efectiva se fija rígidamente sería inexacto. En particular, una reducción de la unidad de salarios dejará en libertad el efectivo que se destinaba a otros usos para la satisfacción del motivo liquidez; mientras que, sumado a esto, a medida que los valores monetarios bajan, la existencia de dinero será una proporción mayor del total de riqueza de la comunidad.

No es posible negar, tomando como fundamento razones puramente teóricas, que esta reacción podría ser capaz de permitir una baja adecuada en la tasa monetaria de interés. Existen, sin embargo, varias razones que, tomadas en conjunto, tienen considerable fuerza, y por las cuales, en una economía del tipo a que estamos acostumbrados, es muy probable que la tasa monetaria de interés muestre a menudo resistencia a bajar de forma adecuada:

a) Hemos de tener en cuenta, en primer lugar, las reacciones que produce una baja en la unidad sobre las eficiencias marginales de los otros bienes en términos de dinero —porque es la diferencia entre estas y la tasa monetaria de interés la que nos interesa. Si el efecto de la baja en la unidad de salarios es producir la expectativa de que subirá nuevamente, el resultado será por completo favorable. Si, por lo contrario, el efecto es producir la expectativa de una baja futura, la reacción sobre la eficiencia marginal del capital puede contrapesar el descenso en la tasa de interés.

b) El hecho de que los salarios medidos en dinero tengan tendencia a ser rígidos, siendo el salario monetario más estable que el real, tiende a limitar la propensión de la unidad de salarios a bajar en términos de dinero. Más todavía, si esto no fuera así, la posición podría ser más bien peor que mejor; porque si los salarios monetarios pudieran bajar con facilidad, esto podría tender a menudo a dar cuerpo a la esperanza de un nuevo descenso, lo que reaccionaría negativamente sobre la eficiencia marginal del capital. Aún más, si los salarios se fijaran en términos de algún otro bien, por ejemplo, el trigo, es improbable que continuaran siendo rígidos. Es por razón de las otras características del dinero —especialmente aquellas que lo hacen líquido— por lo que los salarios, cuando se fijan en términos de aquel, tienden a ser rígidos.

c) Llegamos aquí a la consideración más importante en relación con este contexto, es decir, las propiedades del dinero que satisfacen la predilección por la liquidez, porque en determinadas circunstancias, tales como sucederán frecuentemente, estas harán que la tasa de interés sea insensible, particularmente por debajo de cierta cifra, incluso ante un aumento sustancial en la cantidad de dinero proporcionalmente a otras formas de riqueza. Dicho de otro modo, más allá de cierto nivel, el rendimiento del dinero consecuente a la liquidez no disminuye en respuesta a un aumento de su cantidad en nada que se aproxime a la magnitud en que desciende el rendimiento de otros tipos de bienes cuando su cantidad se aumenta en forma comparable.

Los bajos, o insignificantes, costos de almacenamiento del dinero representan un papel esencial a este respecto, porque si fueran esenciales, contrarrestarían el impacto de las previsiones sobre el valor probable del dinero en fechas venideras. La disposición del público para aumentar su existencia de dinero en respuesta a un estímulo comparativamente pequeño se debe a que las ventajas de la liquidez (reales o supuestas) no tienen contrapeso con que contender en forma de alza excesiva de los costos de almacenamiento en el transcurso del tiempo. En el caso de una mercancía distinta del dinero, una pequeña existencia del mismo puede ofrecer algunas ventajas a quienes la usan; pero aun cuando una provisión mayor podría tener cierto atractivo como representante de una reserva de riqueza de valor estable, esto estaría neutralizado por sus costos de almacenamiento, en forma de gastos de custodia, desgaste, etc. De aquí que, tan pronto como se alcanza determinado nivel, el guardar una existencia mayor supone por fuerza una pérdida.

Sin embargo, en el caso del dinero, esto no sucede, como vimos, y esto es así por varias razones, es decir, aquellas que hacen "líquido" por excelencia al dinero, según la estimación del público. De este modo, aquellos reformadores que buscan un remedio en la creación de costos artificiales de almacenamiento para el dinero, mediante el expediente de hacer que la circulación legal haya de sellarse periódicamente a determinado costo para que retenga su cualidad de dinero, o mediante otros procedimientos, han ido por el buen camino; y el valor práctico de sus proposiciones merece ser tomado en consideración.

La importancia de la tasa de interés monetaria viene, por lo tanto, de la combinación de las características de que, a través de la actuación del motivo liquidez, primero, la tasa puede ser, en cierto modo, insensible a un cambio en la proporción que la cantidad de dinero guarda con otras formas de riqueza medidas en dinero, y segundo, a que este tiene (o puede tener) elasticidades nulas (o insignificantes) de producción y de sustitución. La primera condición quiere decir que la demanda puede dirigirse predominantemente al dinero; la segunda, que cuando esto sucede, no puede emplearse trabajo en producir más dinero; y la tercera, que no hay atenuación en ninguna parte, debido a la posibilidad de que cualquier otro factor sea capaz, si es lo bastante barato, de desempeñar la función del dinero tan bien como este. El único alivio –fuera de los cambios en la eficiencia marginal del capital– puede venir (en tanto la propensión a la liquidez permanezca invariable) de un incremento en la cantidad de dinero, o –lo que viene a ser formalmente lo mismo– un aumento en el valor del dinero que permita a una cantidad determinada dar mayores servicios monetarios.

De esta manera, un alza en la tasa monetaria de interés retrasa la obtención de todos los artículos cuya producción es elástica sin poder estimular la producción de dinero (que es, por hipótesis, perfectamente inelástica). La tasa monetaria de interés, al dar la pauta a todas las demás tasas-mercancía de interés, refrena la inversión para producirlas, sin que sea capaz de incentivar la necesaria para producir dinero, que, por hipótesis, no puede ser producido. Más todavía, a causa de la elasticidad de la demanda de efectivo líquido, medida en deudas, un pequeño cambio en las condiciones que rigen esta demanda puede no alterar mucho la tasa monetaria de interés, mientras que (fuera de la acción oficial) es también impracticable para las fuerzas naturales abatir la tasa monetaria de interés influyendo sobre la oferta, debido a la inelasticidad de producción del dinero. En el caso de una mercancía ordinaria, la elasticidad de la demanda de existencias líquidas de esta permitiría que pequeños cambios de la demanda empujaran la tasa de interés hacia arriba o hacia abajo atropelladamente, mientras que la elasticidad de su oferta también influiría para evitar una gran prima de las entregas presentes sobre las futuras. Así, dejando a otros bienes en libertad, las "fuerzas naturales", es decir, las fuerzas ordinarias del mercado, se orientarían en el sentido de derrumbar su tasa de interés hasta que la emergencia de la ocupación plena hubiera llevado a las mercancías en general la inelasticidad de la oferta que hemos postulado como una característica normal del dinero. Así, a falta de dinero y —debemos suponerlo también, naturalmente— de cualquier otra mercancía con las características dadas para este, las tasas de interés únicamente alcanzarían equilibrio en condiciones de ocupación total.

Es decir, el desempleo crece porque la gente quiere tomar la luna con la mano —los hombres no pueden lograr ocupación cuando el objeto de su deseo (es decir, el dinero) es algo que no puede producirse y cuya demanda no puede sofocarse con facilidad—. No queda más remedio que persuadir al público de que el queso verde es prácticamente lo mismo y poner la fábrica de ese queso (es decir, un banco central) bajo la dirección del poder público.

Es interesante resaltar que la propiedad tradicionalmente considerada como la que hace al oro especialmente adecuado para usarse como patrón de valor, es decir, la inelasticidad de su oferta, resulta precisamente la particularidad que está en el fondo de la dificultad.

Nuestra conclusión puede expresarse de la manera más general (dada la inclinación a consumir) como sigue: no es posible un aumento más de inversión cuando la tasa mayor entre las tasas propias de interés propio de todos los bienes disponibles, es igual a la mayor de entre todas las eficiencias marginales de todos los bienes, usando como medida las unidades del bien cuya tasa propia de interés propio sea mayor.

En condiciones de pleno empleo, este requisito se satisface necesariamente; pero puede alcanzarse también antes de alcanzar ese estado, si existe algún bien que tenga elasticidades de producción y de sustitución nulas (o relativamente pequeñas) cuya tasa de interés baje con mayor lentitud que las eficiencias marginales de bienes de capital medidos en unidades de este, a medida que la producción aumente.

IV

Vimos anteriormente que el hecho de que un bien pueda ser patrón de valor no alcanza para que su tasa de interés sea la importante. Sin embargo, es interesante considerar hasta dónde las características del dinero tal como lo conocemos, y que hacen de la tasa monetaria de interés la importante, están ligadas con el hecho de que el dinero sea el patrón por el cual se fijan generalmente las deudas y los salarios. El asunto requiere un análisis en dos aspectos.

Primero, el hecho de que los contratos sean fijos, y los salarios, por lo general, estables, en términos de dinero, representa sin duda, un rol muy importante en el hecho de que el dinero tenga una prima de liquidez tan elevada. Es ostensible la conveniencia de mantener bienes en el mismo patrón en que vencerán las obligaciones venideras y respecto al cual se espera que el costo futuro de vida sea relativamente estable. Al mismo tiempo, la esperanza de relativa estabilidad en el futuro costo monetario de la producción no podría mantenerse con mucha confianza si el patrón de valor fuese un bien con gran elasticidad de producción. Más aún, los bajos costos de almacenamiento del dinero, según los conocemos, representan un papel tan significativo como el de una gran prima de liquidez en hacer que la tasa monetaria de interés sea la importante; porque lo que interesa es la diferencia entre la prima de liquidez y los costos de almacenamiento y, en el caso de la mayor parte de los bienes que no sean oro, plata o billetes de banco, dichos costos son por lo menos tan altos como la prima de liquidez que habitualmente acompaña al patrón en que se fijan los contratos y los salarios; de tal modo que, incluso cuando la prima de liquidez que ahora tiene, por decir, la libra esterlina se transfiriera, por ejemplo, al trigo, todavía sería improbable que la tasa-trigo de interés subiera sobre cero. Por lo tanto, queda en pie que, mientras el hecho de que los contratos y los salarios estén fijados en términos monetarios, crece la importancia de la tasa monetaria de interés; esta circunstancia, sin embargo, probablemente no basta por sí misma para producir las particularidades observadas en dicha tasa.

El segundo punto que debe tenerse en cuenta es más sutil. La expectativa normal de que el valor de la producción será más estable en términos de dinero que en términos de cualquier otro bien, no está en función, por supuesto, de que los salarios se concierten en unidades monetarias, sino de que sean relativamente rígidos en términos de dinero. ¿Cuál sería entonces la situación si se estimara que los salarios iban a ser más rígidos (es decir, más estables) cuando se expresaran en unidades de una o más mercancías distintas del dinero, que en términos de este mismo? Tal expectativa requiere, no sólo que se espera que los costos del bien en cuestión sean relativamente constantes en unidades de salarios para una sola escala de producción mayor o menor, tanto en períodos cortos como en largos, sino también que cualquier excedente sobre la demanda corriente, al precio de costo, pueda incluirse en la existencia sin costo, es decir, que la prima de liquidez exceda sus costos de almacenamiento (porque, de lo contrario, desde el momento que no hay esperanza de ganancia mediante un precio más alto, la conservación de una existencia tiene que suponer necesariamente una pérdida). Si se hallara un bien que satisficiera estas condiciones, entonces es evidente que podría ponerse como rival del dinero. Así, pues, no es lógicamente imposible la existencia de un bien con el cual la medida del valor de la producción se supusiera más estable que con el dinero; pero tal bien no parece probable que exista.

Por lo tanto, llego a concluir que el bien en cuyas unidades se espera que los salarios sean más rígidos, no puede ser uno que tenga la elasticidad de producción mínima y para el cual el excedente de los costos de almacenamiento sobre la prima de liquidez no sea también mínimo. Dicho de otro modo, la expectativa de rigidez relativa de los salarios en unidades monetarias es corolario del hecho de que el excedente de la prima de liquidez sobre los costos de almacenamiento sea mayor para el dinero que para cualquier otro bien.

Así vemos que las diversas particularidades que se combinan para dar importancia a la tasa monetaria de interés reaccionan mutuamente en forma acumulativa. El hecho de que el dinero tenga bajas elasticidades de producción y de sustitución y bajos costos de almacenamiento tiende a que se fortalezca la creencia de que los salarios monetarios sean relativamente estables; y esta creencia aumenta la prima de liquidez del dinero y evita la correlación excepcional entre la tasa monetaria de interés y las eficiencias marginales de otros bienes, la que podría, si existiera, privar a dicha tasa de su predominio.

El profesor Pigou (con otros autores) supuso habitualmente la existencia de una presunción a favor de que los salarios reales son más estables que los monetarios; pero esto podría suceder solamente en virtud de otra presunción a favor de la estabilidad del empleo. Aún más, queda todavía el inconveniente de que los artículos para asalariados tienen alto costo de almacenamiento. En verdad, si se hiciera un intento para estabilizar los salarios reales fijando los salarios en términos de artículos para asalariados, el resultado solamente podría ser provocar una violenta fluctuación de los precios monetarios, porque cada pequeña oscilación en la inclinación a consumir y el incentivo a invertir haría que los precios monetarios fluctuaran violentamente entre cero y el infinito. Para que el sistema posea estabilidad inherente, es condición que los salarios monetarios sean más estables que los reales.

De este modo, atribuir estabilidad relativa a los salarios reales no es simplemente un error de hecho y de experiencia, sino también una equivocación de lógica, si suponemos que el sistema en cuestión es estable, en el sentido de que las pequeñas variaciones en la inclinación a consumir y en el incentivo a invertir no provocan efectos violentos sobre los precios.

V

Para aclarar un poco lo anterior, tal vez valga la pena insistir en lo que ya se dijo previamente, o sea que la "liquidez" y los "costos de almacenamiento" son los dos una cuestión de grado; y que la peculiaridad del "dinero" consiste sólo en que posee mucha de la primera proporcionalmente a los segundos.

Considérese, por ejemplo, una economía en la que no exista un bien cuya prima de liquidez esté siempre por encima de sus costos de almacenamiento; lo que es la mejor definición que puedo dar de la llamada "economía no monetaria". Es decir, no hay nada más que cosas consumibles y equipos de producción concretos más o menos diferenciados, de acuerdo con el carácter de los bienes consumibles que pueden proporcionar o contribuir a proporcionar en un período corto o largo; todos los cuales, a diferencia del efectivo, si se conservan en existencia, se deterioran o suponen gastos por un valor mayor que su prima de liquidez.

En una economía tal, los equipos productores se distinguirían entre sí: a) en cuanto a la diversidad de los artículos de consumo en cuya producción pueden intervenir; b) en la estabilidad del valor de su producción (en el sentido en que el valor del pan es más estable a través del tiempo que el de las novedades que pasan pronto de moda); y c) en la celeridad con que la riqueza incorporada en ellos puede volverse "líquida", en el sentido de dar producción, el producto de cuya venta puede reincorporarse, si se quiere, en forma por completo diferente.

Los propietarios de riqueza compararán entonces la falta de "liquidez" de los distintos equipos productores, en el sentido anterior, como medio de conservar riqueza, con la mejor estimación actuarial de que se disponga respecto a sus rendimientos probables, después de tener en cuenta el riesgo. Como se observará, la prima de liquidez es en parte similar a la prima de riesgo, pero en parte distinta —correspondiente la diferencia a la que hay entre los mejores cálculos que pueden efectuarse de las probabilidades, y la confianza con que los realicemos—. Cuando tratábamos del cálculo del rendimiento probable, no entramos en detalles sobre cómo se realizaba; y para evitar complicaciones en el argumento, no distinguimos las diferencias de liquidez de las diferencias de riesgo propiamente dicho. Es evidente, sin embargo, que al calcular la tasa propia de interés debemos tenerlas en cuenta.

Es claro que no existe un patrón de "liquidez" absoluto, sino simplemente una escala de liquidez —una prima variable que se ha de tomar en cuenta, además del rendimiento de los costos de uso y almacenamiento, al calcular el atractivo de conservar diversas formas de riqueza–. El concepto de lo que contribuye a la "liquidez" es vago en parte, se modifica de tiempo en tiempo y depende de las prácticas sociales y de las instituciones. El orden de preferencia de los propietarios de riqueza en el cual dicen lo que piensan sobre la liquidez en cualquier tiempo es, no obstante, definido, y es todo lo que necesitamos para nuestro análisis del comportamiento del sistema económico.

Puede ocurrir que en ciertos ambientes históricos los propietarios de tierra hayan pensado que su posesión se caracterizaba por una gran prima de liquidez y, desde el momento, que la tierra se asemeja al dinero en que sus elasticidades de producción y de sustitución pueden ser muy bajas, es concebible que haya habido situaciones en la historia en que el deseo de conservar tierra haya desempeñado el mismo papel que el dinero en tiempos recientes, en el sentido de sostener la tasa de interés a un nivel demasiado alto. Es difícil valorar esta influencia cuantitativamente, debido a la falta de un precio futuro para la tierra, medido en unidades de sí misma, que sea estrictamente comparable con la tasa de interés de una deuda monetaria. Tenemos, sin embargo, algo que, en ciertas ocasiones, ha sido sumamente similar, en forma de tasas altas sobre hipotecas. Estas tasas de interés elevadas, consecuencia de hipotecas de la tierra, que con frecuencia superan el rendimiento probable de cultivarla, han sido una característica usual en muchas economías agrícolas. Las leyes sobre usura se han dirigido principalmente contra gravámenes de este género, y con razón; porque en las organizaciones sociales primitivas, en las que no existían los valores a largo plazo en el sentido moderno, la competencia de las altas tasas de interés sobre hipotecas puede muy bien haber tenido el mismo efecto de retardar el crecimiento de riqueza procedente de las inversiones corrientes en bienes de capital recientemente producidos que las relativas a las deudas a largo plazo han tenido en tiempos más recientes.

Que el mundo sea tan pobre como es en bienes de capital acumulados después de varios milenios de ahorro individual sostenido se explica, según mi opinión, no por la tendencia a la imprevisión de la humanidad, ni siquiera por la destrucción de la guerra, sino por las altas primas de liquidez que antiguamente tenía la propiedad de la tierra y que ahora tiene el dinero. Disiento en esto del antiguo punto de vista, en la forma que lo expresa Marshall con fuerza dogmática desusada en sus *Principles of Economics*.

Todo el mundo sabe que la acumulación de riqueza se refrena, y la tasa de interés se mantiene, debido a la preferencia que la mayor parte de la humanidad tiene por las satisfacciones presentes sobre las diferidas, o, dicho de otro modo, por su renuncia a "esperar".

VI

En mi *Treatise on Money* definí lo que significaba una tasa única de interés, que llamé la tasa natural de interés —es decir, aquella que, en la terminología de mi *Treatise*, mantenía la igualdad entre la tasa de ahorro (como allí se definía) y la de inversión. Yo creía que esto era un desarrollo y aclaración de la "tasa natural de interés" de Wicksell, que, según él, era la que conservaría la estabilidad de cierto nivel de precios, no muy bien definido.

Sin embargo, yo había pasado por alto el hecho de que en cualquier sociedad dada hay, según esta definición, una tasa natural de interés diferente para cada nivel hipotético de empleo. Del mismo modo, para cada tasa de interés hay un nivel de ocupación para el cual aquella tasa es la tasa "natural", en el sentido de que el sistema estará en equilibrio con tal tasa de interés y tal nivel de ocupación. Así, pues, fue un error hablar de la tasa natural de interés o sugerir que la anterior definición otorgaría un valor único para la tasa de interés independientemente del volumen de ocupación. No había yo entendido entonces que, en ciertas condiciones, el sistema podría estar en equilibrio con empleo inferior al máximo.

En la actualidad, ya no opino que el concepto de una tasa "natural" de interés, que antes me pareció una idea de las más promisorias, encierre una aparte de mucha utilidad o importancia para nuestro análisis. Es simplemente la tasa que mantendrá el *statu quo*, y, en general, no tenemos interés predominante en el *statu quo* como tal. Si existe semejante tasa de interés única e importante, tiene que ser la que podríamos llamar neutral, es decir, la tasa natural en el sentido anterior, que es compatible con la ocupación plena, dados los otros parámetros del sistema; aunque esta podría ser mejor descrita, quizá, como la tasa óptima. La tasa neutral de interés puede definirse más estrictamente como la que prevalece en equilibrio cuando la producción y la ocupación son tales que la elasticidad de la ocupación como un todo es cero.

Lo anterior nos da, una vez más, la respuesta a la pregunta de qué supuesto tácito se necesita para que tenga sentido la teoría clásica de la tasa de interés. Esta teoría supone que la tasa real es siempre igual a la neutral, en el sentido de que acabamos de definirla o recíprocamente, que la tasa real es siempre igual a la que mantendrá la ocupación a cierto nivel especificado y constante. Si la teoría tradicional se interpreta de esta manera, en sus conclusiones prácticas hay poco o nada con que no estemos de acuerdo. La teoría clásica piensa que la autoridad bancaria o las fuerzas naturales hacen que la tasa de interés de mercado llene una u otra de las condiciones anteriores, e investiga qué leyes gobernarán la aplicación y las remuneraciones de los recursos productivos de la comunidad en este supuesto. Con esta limitación, el volumen de producción depende solamente del nivel constante de empleo que se supone, junto con el equipo y las técnicas actuales, con lo que entramos en la paz de un mundo ricardiano.

Nuevo planteamiento de la teoría general de la ocupación

Llegamos aquí al momento en que podemos juntar todos los cabos sueltos de nuestro discurso. Para comenzar, podría ser útil aclarar qué elementos del sistema económico damos usualmente por conocidos, cuáles las variables independientes de nuestro sistema y cuáles las dependientes. Damos por conocidos la habilidad existente y la cantidad de mano de obra disponible, la calidad y cantidad del equipo de que puede echarse mano, el estado de la técnica, el grado de competencia, los gustos y hábitos de los consumidores, la desutilidad de las diferentes intensidades del trabajo y de las actividades de supervisión y organización, así como la estructura social, que incluye las fuerzas que determinan la distribución del ingreso nacional, no contenidas en nuestras variables que citamos más adelante. Esto no significa que supongamos constantes tales factores, sino simplemente que, a este propósito y, en este momento, no consideramos o tenemos en cuenta los efectos y las consecuencias de los cambios que se produzcan en ellos.

Nuestras variables independientes son, en primer lugar, la inclinación a consumir, la curva de la eficiencia marginal del capital y la tasa de interés aunque, como ya vimos, estas pueden someterse a un análisis más amplio. Nuestras variables dependientes son el volumen de empleo y el ingreso (o dividendo) nacional medidos en unidades de salarios.

Los elementos que hemos dado por sabidos tienen influencia sobre nuestras variables independientes, pero no las determinan por completo. Por ejemplo, la curva de la eficiencia marginal del capital depende en parte de la cantidad de equipo existente, que es uno de los factores dados; pero también en parte del estado de las expectativas a largo plazo, que no puede inferirse de estos. No obstante, existen algunos otros elementos que los factores ya dados determinan de una manera tan completa que podemos tratar sus derivadas como si también se conocieran de antemano. Por ejemplo, los factores indicados nos permiten inferir qué nivel de ingreso nacional, medido en unidades de salario, corresponderá a cualquier magnitud dada de ocupación, de manera que, dentro del armazón económico que damos por sabido, el ingreso nacional depende del volumen de ocupación, es decir, de la cantidad de esfuerzo real dedicado a la producción, en el sentido de que hay una correlación única entre los dos. Más todavía, nos permiten inferir la forma de las funciones totales de la oferta, que contienen las condiciones físicas de esta, para diferentes clases de productos —es decir, la cantidad de empleo que se dedicará a la producción correspondiendo a un nivel dado cualquiera de la demanda efectiva, medida en unidades de salarios—. Finalmente, nos dan la función de oferta de mano de obra (o esfuerzo); de manera que nos dicen *inter alia* en qué punto dejará de ser elástica la función del empleo para el trabajo como un todo.

La curva de la eficiencia marginal del capital depende, sin embargo, en parte de los factores dados y, en parte, del rendimiento probable de los bienes de capital de diferentes clases, mientras que la tasa de interés está regida parcialmente por el estado de preferencia por la liquidez (es decir, por la función de liquidez) y, en parte, por la cantidad de dinero, medida en unidades de salarios. De esta manera, podemos algunas veces considerar que nuestras variables independientes finales consisten en 1) los tres factores psicológicos fundamentales, es decir, la inclinación psicológica a consumir, la actitud psicológica respecto a la liquidez y la expectativa psicológica de rendimiento futuro de los bienes de capital, 2) la unidad de salarios, tal como se define por los convenios celebrados entre patronos y obreros, y 3) la cantidad de dinero, según se fija por la acción del banco central; de tal modo que, si tomamos como conocidos los elementos especificados más arriba, estas variables determinan el ingreso (o dividendo) nacional y el volumen de empleo. Pero estas, a su vez, podrían sujetarse a un análisis ulterior, y no son, por decirlo así, nuestros últimos elementos atómicos independientes.

La división de las determinantes del sistema económico en los dos grupos de factores dados y las variables independientes es, por supuesto, completamente arbitraria desde un punto de vista absoluto. La división debe basarse por completo en la experiencia, de manera que corresponda, por una parte, a los factores en que las modificaciones parecen ser tan lentas o tan poco importantes que sólo tengan influencia pequeña y comparativamente despreciable a la corta en nuestro *quaesitum* y, por otra, a esos factores cuyos cambios ejercen en la práctica una influencia dominante en nuestro *quaesitum*. El objeto que por ahora intentamos descubrir es aquello que determina en un momento preciso el ingreso nacional de un sistema económico dado y (lo que es casi lo mismo) el volumen de ocupación que le corresponde; lo que quiere decir, en un estudio tan complejo como la economía, en el que no podemos esperar hacer generalizaciones completamente exactas, los factores cuyos cambios determinan principalmente nuestro *quaesitum*. Nuestro trabajo final podría consistir en seleccionar aquellas variables que la autoridad central puede controlar o dirigir deliberadamente en el sistema particular en que realmente vivimos.

II

Procuremos hacer ahora una síntesis de los razonamientos planteados, ordenando los elementos en forma inversa a la que empleamos para presentarlos.

Habrá un aliciente para impulsar la tasa de nuevas inversiones hasta el punto en que fuerce al precio de oferta de cada clase de bien de capital a una cifra que, unida a su rendimiento probable, iguale aproximadamente la eficiencia marginal del capital en general con la tasa de interés. Es decir, que las condiciones físicas de oferta en las industrias de bienes de capital, el estado de confianza respecto al rendimiento probable, la actitud psicológica hacia la liquidez y la cantidad de dinero (de preferencia calculada en unidades de salarios) determinan, en conjunto, la tasa de nueva inversión.

Pero un incremento (o disminución) en la tasa de inversión deberá ser acompañado de un aumento (o descenso) en la tasa de consumo; porque la conducta del público es, en general, de tal carácter que sólo desea ampliar (o estrechar) la brecha que separa su ingreso y su consumo si el primero va en ascenso (o en disminución). Esto significa que los cambios en la tasa de consumo son, por lo general, en la misma dirección (aunque más pequeños en magnitud) que las variaciones en la tasa de ingresos. La proporción del incremento de consumo, que acompaña necesariamente a un aumento dado en los ahorros, está determinada por la propensión marginal a consumir. La proporción, así definida, entre un incremento en la inversión y el correspondiente en el ingreso global, ambos medidos en unidades de salarios, está dada por el multiplicador de inversión.

Finalmente, si suponemos (como una primera aproximación) que el multiplicador de ocupación es igual al de inversión, podemos, aplicando el multiplicador al aumento (o al descenso) en la tasa de inversión provocado por los factores descritos antes, inferir el aumento de la ocupación.

Un crecimiento (o disminución) del empleo puede, sin embargo, hacer subir (o bajar) la curva de preferencia por la liquidez y tenderá a aumentar la demanda de dinero de tres maneras, pues el valor de la producción asciende cuando la ocupación crece, incluso en el caso de que la unidad de salarios y los precios (en unidades de salarios) permanezcan invariables; pero, además, la unidad de salarios misma tenderá a subir a medida que la ocupación mejore, y el incremento en la producción irá acompañado por un alza de precios (en términos de la unidad de salarios) debida al aumento del costo en períodos cortos. De esta manera, la posición de equilibrio estará influida por estas repercusiones, que no son las únicas. Todavía más, no existe uno solo de los elementos anteriores que no tenga probabilidades de cambiar, sin previo aviso, y algunas veces de manera esencial. De aquí, la extrema complejidad del curso real de los acontecimientos. No obstante, estos parecen ser los elementos que conviene y es útil aislar. Si analizamos cualquier problema real de acuerdo con el modelo esquemático anterior, lo encontraremos más manejable; y nuestra intuición práctica (que puede tomar en cuenta un complejo de hechos más detallado del que es posible tratar según los principios generales) se enfrentará con material de trabajo más manejable.

III

Lo anterior es una síntesis de la teoría general; pero los fenómenos reales del sistema económico están también matizados por algunas características especiales de la inclinación a consumir, la curva de la eficiencia marginal de capital y la tasa de interés, sobre las cuales podemos generalizar con seguridad, apoyados en la experiencia, pero que no son lógicamente necesarias.

Particularmente, es una característica destacada del sistema económico en que vivimos que, aun cuando está sujeto a intensas fluctuaciones en la producción y la ocupación, su inestabilidad no es violenta. En verdad, parece poder permanecer en condiciones crónicas de actividad subnormal durante un período considerable, sin tendencia marcada a la recuperación o al derrumbe total. Aún más, las evidencias indican que la ocupación plena o casi plena se vuelve a producir y tiene poca duración. Las oscilaciones pueden comenzar de repente, pero parecen agotarse antes de llegar a grandes extremos, y nuestro sino es la situación intermedia, que no es ni desesperada ni satisfactoria. La teoría de los ciclos económicos con fases regulares se ha basado en el hecho de que las fluctuaciones tienden a agotarse por sí solas antes de llegar a resultados extremos y en que, eventualmente, se invierten. De igual manera sucede con los precios, que, en respuesta a una causa inicial de perturbación, parecen poder encontrar un nivel en el cual permanecer moderadamente estables por el momento.

Ahora bien, dado que estos hechos de la experiencia no se deducen por necesidad lógica, debemos suponer que el contexto y las inclinaciones psicológicas del mundo moderno deben ser de tal carácter que ocasionen esos resultados. Es útil, por tanto, considerar qué propensiones psicológicas hipotéticas llevarían a un sistema estable y, luego, si pueden atribuirse sensatamente según nuestros conocimientos generales de la naturaleza humana contemporánea, al mundo en que vivimos.

Los requisitos de estabilidad que el anterior análisis nos sugiere como capaces de explicar los resultados obtenidos son los siguientes:

1) La inclinación marginal a consumir es tal que cuando la producción de una comunidad dada crece (o disminuye), debido a que se esté aplicando más (o menos) mano de obra a su equipo de producción, el multiplicador que relaciona ambos es mayor que la unidad, pero no muy grande.

2) Cuando hay un cambio en el rendimiento probable del capital o en la tasa de interés, la curva de la eficiencia marginal del capital será tal que la variación en las nuevas inversiones no será muy desproporcionada al cambio en el primero; es decir, las alteraciones moderadas en el rendimiento probable del capital o en la tasa de interés no ocasionarán cambios muy grandes en la tasa de inversión.

3) Cuando se produce una variación en la ocupación, los salarios nominales tienden a cambiar en igual dirección, pero no en forma muy desproporcionada al cambio de la ocupación; es decir, los cambios moderados en el empleo no van seguidos de grandes alteraciones en los salarios nominales. Esta es una condición de la estabilidad de los precios más que de la ocupación.

4) Podemos agregar una cuarta condición que se relaciona no tanto con la estabilidad del sistema como con la tendencia de una oscilación que se mueve en un sentido a revertirse a su debido tiempo; es decir, que una tasa de inversión, más alta (o más baja) que la que prevalecía antes, empieza a reaccionar desfavorablemente (o favorablemente) sobre la eficiencia marginal del capital si se prolonga por un período que, medido en años, no sea muy largo.

1) Nuestro primer requisito de estabilidad o sea la de que el multiplicador, aunque mayor que la unidad no lo es mucho, es muy verosímil si se toma como una característica psicológica de la naturaleza humana. A medida que el ingreso real se eleva, la presión de las necesidades presentes disminuye y aumenta el margen sobre el nivel de vida establecido; y cuando el ingreso real desciende, sucede lo contrario. Así,

resulta natural –al menos para el término medio de la comunidad– que el consumo corriente tenga que ampliarse cuando el empleo crezca, pero en menor proporción que el aumento del ingreso real; y que tenga que reducirse cuando el empleo descienda, aunque no tanto como la baja absoluta del ingreso real. Más todavía, lo que es cierto para la generalidad de los individuos, es probable que también lo sea con respecto a los gobiernos, especialmente en una época en la que un aumento progresivo de la desocupación forzará habitualmente al Estado a dar ayuda con fondos prestados.

Pero ya sea que esta ley psicológica le parezca lógica o no a priori al lector, es verdad que la experiencia sería en extremadamente distinta de lo que es si la ley no fuese válida; porque en dicho caso un incremento en la inversión, por muy pequeño que pudiera ser, daría inicio a un crecimiento de la demanda efectiva hasta que alcanzara la posición de pleno empleo, en tanto que una disminución de aquella incentivaría un descenso acumulativo de la demanda efectiva hasta que nadie tuviera empleo. Sin embargo, la experiencia muestra que, generalmente, nos encontramos en posición intermedia. No es imposible que pueda existir un ámbito dentro del cual prevalezca de hecho la inestabilidad; pero, si es así, probablemente será de límites estrechos, fuera de los cuales, y en cualquier dirección, nuestra ley psicológica debe ser válida sin la menor duda. Todavía más, también es evidente que el multiplicador, aunque sobrepasa la unidad, no es, en circunstancias normales, enormemente grande, porque si lo fuera, un cambio dado en la tasa de inversión implicaría una gran modificación (limitada solamente por la ocupación plena o nula) en la tasa de consumo.

2) Mientras la primera condición nos dice que una variación moderada en la tasa de inversión no traerá un cambio definidamente grande en la demanda de artículos de consumo, nuestra segunda condición establece que un cambio

moderado en el rendimiento probable de los bienes de capital o en la tasa de interés no conllevará una variación de magnitud indeterminada en la tasa de inversión. Este es el caso probable, debido al costo creciente de una producción más voluminosa con el equipo que se tiene. Por cierto, si partimos de una posición en que existan grandes excedentes de recursos para la producción de bienes de capital, puede haber inestabilidad considerable dentro de ciertos límites; pero esto dejará de ser verdad tan pronto como los sobrantes se usen en gran escala. Más todavía, esta condición pone un límite a la inestabilidad resultante de los cambios rápidos en el rendimiento probable de los bienes de capital que resultan de fluctuaciones agudas en la psicología de los negocios o de inventos de importancia trascendental —aunque más, quizá, en dirección ascendente que descendente.

3) La tercera condición coincide con la experiencia que tenemos de la naturaleza humana, porque aunque la lucha por los salarios nominales es, como lo hemos indicado, esencialmente una pugna para mantener un alto salario relativo, es probable que, a medida que crezca el empleo, se intensifique en cada caso individual, tanto porque mejore la posición del trabajador para contratar, como porque la reducida utilidad marginal de su salario y la mejoría de su margen financiero lo predispongan más a correr riesgos. No obstante, de todas maneras, estos motivos trabajarán dentro de ciertos límites, y los trabajadores no buscarán un salario nominal mucho mayor cuando la ocupación mejore, ni preferirán una gran reducción a la desocupación.

Pero, de nuevo, sea o no lógica a priori esta conclusión, la experiencia muestra que ha de haber una ley psicológica de este tipo que sea válida en la realidad; porque si la competencia entre los trabajadores sin empleo condujera siempre a una gran reducción en el salario nominal, existiría una violenta inestabilidad en el nivel de precios. Además, no podría haber posición de equilibrio estable, excepto en condiciones compatibles con la ocupación plena, desde el momento que la unidad de salarios podría tener que bajar sin límite hasta que alcanzara una altura donde el efecto de la abundancia de dinero en unidades de salarios sobre la tasa de interés fuera suficiente para restaurar un nivel de plena ocupación. En ningún otro nivel podría existir estabilidad.

4) La cuarta condición, que no es tanto de estabilidad como de receso y recuperación alternados, se fundamenta meramente en el supuesto de que los bienes de capital son de diversas duraciones, se desgastan con el tiempo y no todos son muy longevos; de manera que si la tasa de inversión baja más allá de cierto nivel mínimo, es cuestión de tiempo simplemente (a falta de grandes oscilaciones en otros factores) que la eficiencia marginal del capital aumente lo suficiente como para ocasionar una recuperación de las inversiones sobre este mínimo. Y, de manera semejante, por supuesto, si las inversiones suben a una cifra mayor que antes, sólo es cuestión de tiempo que la eficiencia marginal del capital descienda lo suficiente para provocar una recesión a menos que se produzcan cambios compensadores en otros factores.

Por esta razón, es probable que, aun aquellos grados de recuperación y recesión que pueden suceder dentro de las limitaciones establecidas por nuestras otras condiciones de estabilidad, provoquen un movimiento de retroceso en dirección contraria hasta que las mismas fuerzas de antes vuelvan a invertir la dirección, si dichos fenómenos se mantienen el tiempo suficiente y no los estorban las alteraciones de otros factores.

De esta manera, nuestras cuatro condiciones juntas bastan para explicar los aspectos salientes de la experiencia real —es decir, que oscilamos, evitando los extremos más graves de las fluctuaciones en la ocupación y en los precios en ambas direcciones, alrededor de una posición intermedia, apreciablemente por debajo de la ocupación plena y por encima del mínimo, ya que un descenso por debajo de él pondría en peligro la vida. Pero no debemos concluir que son las leyes de la necesidad las que fijan la posición intermedia así determinada por las tendencias "naturales", es decir, por aquellas que probablemente persistan, a falta de medidas expresamente destinadas a corregirlas. La observación de la realidad, tal como ha sido y es, demuestra que rigen estas condiciones, pero que no son un principio indispensable que no pueda ser modificado.

Salarios nominales y precios. Modificaciones en los salarios nominales

I

Hubiera sido una ventaja haber logrado examinar los efectos de un cambio en los salarios nominales, porque la teoría clásica ha acostumbrado apoyar el supuesto carácter de ajuste automático del sistema económico sobre una hipotética fluidez de los salarios nominales y, cuando hay rigidez, echarle la culpa al desajuste.

Era imposible, no obstante, estudiar este tema en toda su amplitud hasta haber expuesto nuestra teoría, porque las consecuencias de una modificación en los salarios nominales son complicadas. En determinadas circunstancias, una reducción de los mismos puede muy bien estimular la producción, tal como lo supone la teoría clásica. Disiento de esta teoría principalmente en materia de análisis; de modo que no podía exponerse claramente hasta que el lector estuviera familiarizado con mi método.

La explicación generalmente admitida es, según mi opinión, muy sencilla; no depende de las repercusiones indirectas, tales como las que estudiaremos en seguida. El argumento consiste sencillamente en que una reducción en los salarios nominales incentivará, *ceteris paribus*, la demanda al hacer bajar el precio de los productos acabados, y aumentará, por tanto, la producción y el empleo hasta el punto en que la baja que los obreros han convenido aceptar en sus salarios nominales quede compensada precisamente por el descenso de la eficiencia marginal del trabajo a medida que se incremente la producción (procedente de un equipo dado).

En su forma más cruda, esto es equivalente a suponer que el descenso de los salarios nominales, no alterará la demanda. Puede haber algunos economistas que mantengan que no existe motivo para que la demanda sea afectada, argumentando que la demanda global está en función de la cantidad de dinero multiplicada por su velocidad-ingreso y que no hay razón obvia por la cual una contracción de los salarios nominales vaya a reducir la cantidad de dinero o su velocidad-ingreso. O pueden sostener, incluso, que las ganancias subirán necesariamente, debido a que los salarios han bajado. Pero creo más normal convenir en que la reducción de los salarios nominales puede tener algún efecto sobre la demanda global a través de la baja que produce en el poder de compra de algunos trabajadores; aunque la demanda real de otros factores, cuyos ingresos monetarios no se hayan reducido, se verá incentivada por la baja de precios, y la demanda global de los trabajadores mismos crecerá, con mucha probabilidad, como resultado del mayor volumen de ocupación, a menos que la elasticidad de la demanda de trabajo, en respuesta a las modificaciones en los salarios nominales, sea menor que la unidad. De esta manera, en el nuevo equilibrio habrá más ocupación de la que existiría en otras condiciones, salvo, tal vez, en algunos casos extremos que no tienen realidad en la práctica.

Disiento fundamentalmente de este tipo de análisis; o mejor dicho, del que parece existir en el fondo de observaciones como las anteriores; porque, mientras lo dicho representa bastante bien, según mi opinión, la forma en que muchos economistas hablan y escriben, el razonamiento subyacente, rara vez se ha desarrollado en detalle. Parece probable, sin embargo, que se llegue a esta manera de pensar como sigue: en cualquier industria dada tenemos una curva de demanda de su producto que relaciona las cantidades disponibles para la venta con los precios solicitados; así como una serie de curvas de oferta que ligan unos con otros los precios que se pedirán por la venta de diferentes cantidades, de acuerdo con las distintas bases de costo; y estas curvas, en conjunto, conducirán a otra que, en el supuesto de invariabilidad de los demás costos (salvo como consecuencia de un cambio en la producción), nos da la curva de demanda de mano de obra en la industria, que liga la cantidad de empleo con los diferentes niveles de salarios, y la pendiente de la curva respectiva expresa, en cualquiera de sus puntos, la elasticidad de la demanda de mano de obra. Este concepto se transfiere entonces, sin cambio sustancial, a la industria en su conjunto; y se supone, por un razonamiento semejante, que tenemos una curva de demanda para la mano de obra en la industria como un todo, que liga el volumen de ocupación con los diferentes niveles de salarios. Se sostiene que este argumento no varía sustancialmente si se hace en términos de salarios nominales o reales. Si pensamos en términos de los primeros, debemos, por supuesto, hacer correcciones por los cambios en el valor del dinero; pero esto no altera la dirección general del argumento, pues es ostensible que los precios no cambian en proporción exacta a las modificaciones en los salarios nominales.

Si esta es la base del razonamiento (y de lo contrario no sé cuál pueda ser), seguramente es una falacia, porque las curvas de demanda para industrias concretas sólo pueden trazarse partiendo de algunos supuestos determinados respecto a la naturaleza de las curvas de demanda y oferta de otras industrias y al monto de la demanda global efectiva. No se puede, por tanto, aplicar el argumento a la industria en conjunto, a menos que también llevemos allá nuestro supuesto de que la demanda global efectiva es fija. Pero esta hipótesis reduce el argumento a un *ignoratio elenchi*, dado que, si bien nadie desearía negar la proposición de que una baja en los salarios nominales acompañada por la misma demanda global efectiva que antes irá asociada con un aumento en la ocupación, el asunto concreto que se debate es si el descenso de los salarios nominales irá o no acompañado por la misma demanda global efectiva de antes medida en dinero; o, por lo menos, por una demanda global efectiva que no se reduzca en la misma proporción que los salarios nominales (es decir, que es algo mayor medida en unidades de salarios). Pero si no se permite a la teoría clásica extender sus conclusiones por analogía de la industria en particular a la industria en conjunto, es completamente incapaz de responder la pregunta relativa a qué efectos producirá sobre la ocupación una baja de los salarios nominales; porque carece de método de análisis con que abordar el problema. Me parece que la *Theory of Unemployment* del profesor Pigou saca de la teoría clásica todo lo que se puede sacar de ella; con el resultado de que el libro se torna una demostración sorprendente de que esta teoría no tiene nada que ofrecer cuando se aplica al problema de saber qué es lo que determina el volumen real de ocupación en conjunto.

II

Utilicemos, entonces, nuestro propio método de análisis para resolver el problema. Se divide en dos partes: 1) una reducción en los salarios nominales ¿tiende directamente, *ceteris paribus*, a incrementar la ocupación, (con *ceteris paribus* se quiere decir que la inclinación a consumir, la curva de la eficiencia marginal del capital y la tasa de interés son las mismas que antes para la comunidad en conjunto)? y 2) ¿tiende probablemente un descenso de los salarios nominales a alterar el empleo en un sentido particular a través de sus repercusiones ciertas o probables sobre estos tres factores?

Ya hemos dado respuesta a la primera pregunta en sentido negativo, porque demostramos que el volumen de ocupación está ligado en una sola forma con el de la demanda efectiva, medida en unidades de salarios, y que siendo esta la suma del consumo probable y de la inversión esperada, no puede cambiar si la inclinación a consumir, la curva de la eficiencia marginal del capital y la tasa de interés permanecen todas invariables. Si, a falta de cualquier modificación en estos elementos, los empresarios aumentaran el empleo en conjunto, sus entradas por fuerza serían inferiores al precio de oferta.

Tal vez nos ayude a refutar la basta conclusión de que un descenso de los salarios nominales aumentará la ocupación "porque disminuye el costo de producción", seguir el curso de los acontecimientos según la hipótesis más favorable a este punto de vista, es decir, la de que, al principio, los empresarios esperan que el descenso en los salarios nominales tenga este resultado. Sin duda, no es improbable que el empresario individual, al ver que sus propios costos se reducen, pase por alto al principio los efectos sobre la demanda de su producto y actúe en el supuesto de que está capacitado para vender con ganancia una producción mayor que antes. Si, entonces, los empresarios en general actúan de acuerdo con esta expectativa, ¿lograrán en realidad acrecentar sus ganancias? Solamente si la inclinación marginal a consumir de la comunidad es igual a uno, de manera que no haya una brecha entre el aumento de los ingresos y el del consumo, o bien si hay un alza en la inversión que corresponda a la brecha que existe entre el aumento del ingreso y el del consumo, lo que sucederá solamente en caso de que la curva de las eficiencias marginales del capital haya crecido relativamente a la tasa de interés. De esta manera, los productos obtenidos del aumento de producción desanimarán a los empresarios y el empleo bajará otra vez a su nivel anterior, a menos que la inclinación marginal a consumir sea igual a la unidad, o que la reducción en los salarios nominales haya tenido el efecto de aumentar la escala de las eficiencias marginales del capital en relación con la tasa de interés y, por consiguiente, el monto de la inversión; porque si los empresarios ofrecen empleo en una escala que, en caso de vender su producción al precio esperado, provea al público con ingresos de los cuales ahorre más que el monto de la inversión corriente, corren peligro de resentir una pérdida igual a la diferencia; y esto será lo que suceda, de forma absolutamente independiente del nivel de los salarios nominales. En el mejor de los casos, la fecha en que se desengañen únicamente puede ser demorada por el tiempo en que sus propias inversiones crecientes en capital de operación estén llenando la brecha.

De esta manera, el descenso de los salarios nominales no tenderá a incrementar el empleo durante mucho tiempo, excepto en virtud de sus repercusiones, ya sea sobre la inclinación a consumir de la comunidad en conjunto, sobre la curva de las eficiencias marginales del capital o sobre la tasa de interés. No hay más modo de analizar el efecto de una reducción de los salarios nominales que el de examinar sus posibles efectos sobre estos tres elementos. Es posible que, en la práctica, las repercusiones más importantes sobre estos tres elementos sean las siguientes:

1) Un descenso de los salarios nominales disminuirá algo los precios. Conllevará, por lo tanto, cierta redistribución de los ingresos reales a) de quienes perciben salarios a otros factores que entren en el costo primo marginal y cuya remuneración no haya sido reducida y b) de los empresarios a los rentistas, a quienes se ha garantizado cierto ingreso fijo en términos monetarios.

¿Cuál será la consecuencia de esta redistribución en la inclinación a consumir de la comunidad en conjunto? La transferencia de ingresos de quienes perciben salarios a otros factores probablemente tenderá a reducirla. El resultado de la transferencia de los empresarios a los rentistas es más dudoso; pero si estos últimos representan en conjunto la sección más rica de la comunidad y el grupo cuyo nivel de vida es el de menor flexibilidad, entonces el efecto será también desfavorable. Solo podemos hacer conjeturas sobre cuál será el resultado neto del balance de estas consideraciones. Probablemente sea más adverso que favorable.

2) Si nos referimos a un sistema no cerrado, y el descenso de los salarios nominales es una reducción relativamente a los salarios nominales en el exterior cuando ambos se convierten a una unidad común, es obvio que el cambio será favorable a la inversión, ya que tenderá a aumentar el saldo de la balanza comercial. Desde luego, esto supone que la ventaja no esté contrarrestada por una modificación en los aranceles, contingentes, etc. La mayor fuerza que tiene en Inglaterra la creencia tradicional en la eficacia de una reducción en los salarios nominales como medio de aumentar el empleo en comparación con la que se le atribuye en Estados Unidos, se debe, probablemente, a que este último país es un sistema cerrado en comparación con el inglés.

3) En el caso de un sistema no cerrado, es posible que un descenso de los salarios nominales, aunque aumente la balanza comercial favorable, empeore la relación de intercambio. Por lo tanto, habrá una disminución en los ingresos reales, salvo en el caso de quienes hayan sido recientemente empleados, lo que puede influir en el aumento de la inclinación a consumir.

4) Si se espera que el descenso de los salarios nominales sea una reducción relativamente a los salarios nominales en el futuro, el cambio será favorable a la inversión, porque, como se vio anteriormente, crecerá la eficiencia marginal del capital; mientras que, por la misma razón, puede ser favorable al consumo. Si, por otra parte, la reducción lleva a la expectativa o a la seria posibilidad de una mayor reducción de salarios

posterior, tendrá precisamente el efecto contrario; porque decrecerá la eficiencia marginal del capital y conducirá al aplazamiento de la inversión y del consumo.

5) La reducción en la nómina de salarios, acompañada por cierta baja de los precios y en los ingresos monetarios en general, contraerá la necesidad de efectivo para consumo y para negocios, y abatirá, en consecuencia, la curva de preferencia de liquidez de la comunidad en conjunto. *Ceteris paribus*, esto bajará la tasa de interés y será favorable a la inversión. En este caso, no obstante, el efecto de la expectativa respecto del futuro será de tendencia opuesta al que acabamos de considerar en el párrafo 4, porque si se espera que los salarios y los precios vuelvan a subir después, la reacción favorable será mucho menos pronunciada en el caso de los préstamos a largo que en los de corto plazo. Aún más, si la baja de los salarios trastorna la confianza política por provocar descontento popular, el aumento en la preferencia por la liquidez, debido a esta causa, puede más que neutralizar la liberación de efectivo de la circulación activa.

6) Desde el momento en que una disminución especial de los salarios nominales es siempre ventajosa a un empresario o industria individuales, una baja general (aunque sus efectos reales sean diferentes) puede también dar un tono optimista a los juicios de los empresarios, que, a su vez, puede romper las dificultades de un círculo vicioso de estimaciones indebidamente pesimistas en cuanto a la eficiencia marginal del capital y arreglar las cosas de manera que funcionen sobre bases más normales de previsión. Por otra parte, si los trabajadores cometen el mismo error que sus patronos sobre los efectos de una reducción general, las dificultades obreras pueden contrarrestar esta circunstancia favorable, fuera de lo cual, como ya no suele haber medios de lograr un descenso igual y simultáneo de los salarios nominales en todas las industrias, conviene a todos los trabajadores resistirse a una reducción en su caso

particular. De hecho, un movimiento de parte de los patrones para revisar los contratos sobre salarios nominales con el fin de rebajarlos, encontrará una resistencia mucho mayor que un descenso gradual y automático de los salarios reales como resultado del alza de los precios.

7) Por otra parte, la influencia depresiva que tiene sobre los empresarios el incremento de la carga de deudas, puede neutralizar parcialmente cualquier reacción optimista que resulte del descenso de los salarios. Ciertamente, si el descenso de estos y de los precios va lejos, los inconvenientes de los empresarios que estén fuertemente endeudados pueden llegar pronto al límite de insolvencia, con serios efectos adversos sobre la inversión. Todavía más, las consecuencias de un nivel inferior de precios sobre la carga real de la deuda nacional y, por lo tanto, sobre los impuestos, tienen probabilidades de ser muy contrarias a la confianza en los negocios.

Esta no es una lista completa de todas las reacciones posibles de los descensos en los salarios en el complejo mundo real, pero creo que las citadas comprenden las que suelen ser más importantes. Por tanto, si limitamos nuestro examen al caso de un sistema cerrado y suponemos que no puede esperarse nada, sino todo lo contrario, de la repercusiones de la nueva distribución de los ingresos reales sobre la inclinación de la comunidad a gastar, se deduce que debemos basar cualquier esperanza de resultados favorables de una baja en los salarios nominales sobre el empleo, principalmente en una mejoría de la inversión, debida a un incremento en la eficiencia marginal del capital según el párrafo 4 o a una tasa menor de interés de acuerdo con el 5.

Analicemos estas dos posibilidades con mayor detalle. La eventualidad favorable a un incremento en la eficiencia marginal del capital es aquella en que se espera que los salarios nominales hayan llegado a su límite inferior, de modo tal que los cambios siguientes tengan que ser en dirección ascendente.

La contingencia más desfavorable es aquella en que, al ir descendiendo lentamente los salarios nominales, cada reducción sirva para menguar la confianza en el sostenimiento probable de estos. Cuando entramos en un ciclo de debilitamiento de la demanda efectiva, un descenso repentino e importante de dichos salarios, a un nivel tan bajo que nadie crea en su continuidad indefinida, sería el suceso más favorable para fortalecer la demanda efectiva; pero esto sólo podría obtenerse mediante un decreto administrativo y es una política poco práctica en un sistema de libre contratación del trabajo. Por otra parte, sería preferible que los salarios se determinaran rígidamente y se considerara que es imposible que se produzcan cambios de importancia en ellos a que esas depresiones fueran acompañadas de una tendencia gradual de los salarios nominales a descender, con la esperanza de que cada nuevo descenso moderado en los salarios señalara un incremento de, digamos, 1% en el volumen de desocupación. Por ejemplo, el efecto de una expectativa de que los salarios van a bajar en un 2%, digamos, durante el año siguiente será, de manera aproximada, equivalente al que provoque un alza del 2% en la tasa de interés, pagadera en el mismo período. Igual observación se aplica *mutatis mutandis* al caso de un auge.

Se desprende que, con las prácticas e instituciones conocidas del mundo contemporáneo, es más fácil adoptar una política de salarios nominales rígidos que otra flexible, que responda con pasos suaves a las variaciones en el volumen de la desocupación; es decir, en lo que se refiere a la eficiencia marginal del capital; ¿pero cambia esta conclusión cuando se trata de la tasa de interés?

Por lo tanto, sobre el efecto que un nivel descendente de precios y salarios ocasiona en la demanda de dinero, deben hacer reposar el peso de sus argumentos quienes creen en la propiedad del sistema económico de ajustarse automáticamente; aunque desconozco que lo hayan hecho así. Si la cantidad de dinero es por sí misma dependiente del nivel de salarios y precios, no hay nada, por cierto, que esperar en este sentido. Pero si la cantidad de dinero es virtualmente fija, resulta evidente que, medida en unidades de salarios, puede incrementarse indefinidamente por medio de una reducción adecuada en los salarios nominales; y que su monto en proporción a los ingresos en general puede aumentarse considerablemente, según el límite de este aumento de la proporción que el costo de los salarios guarde con el costo primo marginal y de la reacción de otros elementos del costo primo marginal ante el descenso en la unidad de salarios.

Es posible, por lo tanto, en teoría cuando menos, provocar precisamente los mismos efectos sobre la tasa de interés reduciendo los salarios –al mismo tiempo que dejamos invariable la cantidad de dinero–, que aumentando la cantidad de dinero y dejando sin variación el nivel de salarios. De aquí se sigue que la baja de los salarios, como método para alcanzar la ocupación total, está también sujeta a las mismas limitaciones que el de aumentar la cantidad de dinero. Las mismas razones mencionadas antes, que limitan la eficacia de los aumentos en la cantidad de dinero como medio de elevar la inversión a la cifra óptima, se aplican *mutatis mutandis* a las reducciones de salarios. Del mismo modo, como un aumento moderado en la cantidad de dinero puede ejercer influencia inadecuada sobre la tasa de interés a largo plazo, en tanto que un inmoderado aumento puede neutralizar, por sus efectos perturbadores sobre la confianza, las otras ventajas que presenta, de la misma manera, una reducción moderada en los salarios monetarios puede no ser suficiente, en tanto que la reducción inmoderada podría destruir la confianza incluso en el caso de que fuera factible.

No hay razón, por lo tanto, para creer que una política de salarios flexibles sea capaz de mantener un estado de pleno empleo continuo –como tampoco para pensar que una política monetaria de mercado abierto pueda lograr este resultado sin ayuda–. No puede conseguirse sobre estas bases que el sistema económico tenga ajuste automático. La dirección monetaria estaría de hecho en manos de los sindicatos obreros, con miras a la ocupación plena, y no en las del sistema bancario, si los obreros pudieran actuar (y lo hicieran) siempre que la ocupación fuera inferior a la total, con el fin de reducir sus demandas monetarias por acción concertada hasta el límite requerido, sea cual fuese, para que el dinero abundara tanto, en relación con la unidad de salarios, que la tasa de interés tendiera a bajar a un nivel compatible con la plena ocupación.

No obstante, aunque políticas flexibles de salarios y de dinero vienen a ser lo mismo, analíticamente, ya que son medios alternativos para modificar el monto de dinero en términos de unidades de salarios, en otros respectos las separa, por supuesto, un verdadero abismo. Permítaseme recordar brevemente al lector las tres consideraciones principales.

1) Salvo en una comunidad socializada, donde la política de salarios se establece por decreto, no hay medio de asegurar reducciones uniformes para cada clase de trabajo. Este resultado sólo puede alcanzarse mediante una serie de cambios graduales, irregulares, no justificables por criterio alguno de justicia social o conveniencia económica, y probablemente completada sólo luego de luchas desastrosas y que provoquen grandes pérdidas, en las que quienes estén situados en la posición más débil para contratar padecerán en comparación con el resto. Por otra parte, una modificación en la cantidad de dinero cae ya dentro de las posibilidades de la mayor parte de los gobernantes por medio de la política de mercado abierto o medidas análogas. Teniendo en cuenta la naturaleza humana y nuestras instituciones, sólo un tonto optaría por una política de salarios flexibles a una política monetaria elástica, a menos que señale las

ventajas de la primera que no sea posible alcanzar con la segunda. Más aún, en igualdad de condiciones, un método que es comparativamente fácil de aplicar debería considerarse preferible a otro que es probablemente tan difícil como impracticable.

2) Si los salarios monetarios son inflexibles, los cambios que se produzcan en los precios (es decir, fuera de los precios "dirigidos" o los de monopolio, que están determinados por otros motivos además del costo marginal) corresponderán en primer término a la productividad marginal decreciente del equipo que se tenga, a medida que aumente la producción derivada de este. De esta manera, se mantendrá la mayor equidad practicable entre el trabajo y los factores cuya remuneración se fija contractualmente en términos monetarios, en particular entre la clase rentista y las personas que tienen sueldos fijos en una firma establecida permanentemente, en una institución o en el Estado. Para que clases sociales numerosas tengan remuneración fija, en dinero en todo caso, la justicia y la conveniencia sociales quedan mejor servidas si la remuneración de todos los factores es algo inflexible en dinero. Teniendo en cuenta los grandes grupos de ingresos que son comparativamente inflexibles, medidos en dinero, solamente una persona injusta puede preferir una política flexible de salarios a una monetaria de la misma clase, a menos que pueda señalar las ventajas de la primera que no sea posible obtener con la segunda.

3) El método de incrementar la cantidad de dinero en unidades de salarios mediante la rebaja de la unidad de estas, eleva proporcionalmente la carga de las deudas; en tanto que el de producir el mismo resultado por el incremento de la cantidad de dinero, dejando invariable la unidad de salarios, produce el efecto opuesto. Teniendo en cuenta la excesiva carga de muchas clases de deudas, solamente una persona sin experiencia puede preferir el primero.

4) Si para conseguir que la tasa de interés baje es necesario reducir el nivel de salarios, existe, por las razones antes mencionadas, doble traba sobre la eficiencia marginal del capital y doble razón para reducir las inversiones y aplazar así la vuelta a la normalidad.

III

De aquí se desprende que, si el trabajo respondiera a la disminución gradual del empleo ofreciendo sus servicios por un salario nominal en baja regular, esto no tendría por efecto, en términos generales, disminuir los salarios reales e, incluso, podría aumentarlos, a través de su influencia adversa sobre el volumen de producción. La principal consecuencia de esta política sería producir una inestabilidad de precios, quizá tan violenta que hiciera vanos los cálculos mercantiles en una sociedad económica que funcionara de acuerdo con el modelo de la actual. Suponer que la política de salarios flexibles es un auxiliar correcto y adecuado de un sistema que en conjunto corresponde al tipo del *laissez faire*, es lo opuesto a la verdad. Solamente en una sociedad altamente autoritaria, en la que pudieran decretarse cambios sustanciales y completos, podría funcionar con éxito una política de salarios flexibles. Se la puede imaginar operando en Italia, Alemania o Rusia; pero no en Francia, Estados Unidos o Gran Bretaña.

Si se hiciera, como en Australia, un intento para fijar los salarios reales por legislación, entonces habría cierto nivel de empleo correspondiente a esa magnitud de estos; y el nivel real fluctuaría violentamente, en un sistema cerrado, entre aquel y la ausencia total de empleo, según que la tasa de inversión estuviera o no por debajo de la que fuera compatible con dicho nivel; mientras que los precios se encontrarían en equilibrio inestable cuando la inversión llegara al nivel crítico, moviéndose apresuradamente hacia cero siempre que esta se encontrara por debajo de él y hacia el infinito cuando estuviera por encima. El elemento de estabilidad tendría que encontrarse, si acaso, en que los factores que controlan la cantidad de dinero estuvieran determinados de modo tal que siempre existiera algún nivel de salarios nominales en el cual la cantidad de dinero fuera la necesaria para crear una relación entre la tasa de interés y la eficiencia marginal del capital requerida para mantener la inversión al nivel crítico. En este caso, la ocupación sería constante (al nivel adecuado para el salario real legal) y los salarios nominales y los precios oscilarían con rapidez en el grado precisamente necesario para conservar esta tasa de inversión en la cifra conveniente. En el caso real de Australia, la válvula de escape se encontró –en parte, por supuesto– en la inevitable ineficacia de la legislación para conseguir su objetivo y, parcialmente, en que Australia no es un sistema cerrado, de tal modo que el nivel de los salarios nominales era por sí mismo una determinante del nivel de la inversión extranjera y, por lo tanto, de la inversión total, mientras la relación de intercambio influía mucho sobre los salarios reales.

A la luz de estas consideraciones, pienso ahora que el mantenimiento de un nivel general estable de salarios nominales es, en general, la política más aconsejable para un sistema cerrado; al tiempo que el mismo corolario será válido para un sistema abierto, a condición de que pueda lograr el equilibrio con el resto del mundo por medio de fluctuaciones en los cambios sobre el exterior. La existencia de cierto grado de flexibilidad de los salarios en industrias particulares tiene sus ventajas si sirve para facilitar las transferencias de las que se encuentran en decadencia comparativa a las que relativamente están en auge. Pero el nivel de salarios nominales en conjunto debe mantenerse tan estable como sea posible, por lo menos en ciclos cortos.

Esta política tendría por resultado un grado conveniente de estabilidad en el nivel de precios –mayor estabilidad, al menos, que con otra de salarios flexibles–. Fuera de los precios "dirigidos" o de monopolio, el nivel de precios solamente variará en períodos cortos como respuesta a la extensión en que los cambios del volumen de empleo alteren los costos primos marginales; mientras que, en ciclos largos, solamente variará como respuesta a las alteraciones en el costo de producción, debidas a la distinta técnica y al equipo nuevo o aumentado.

Es verdad que si, a pesar de todo, se producen grandes oscilaciones en la ocupación, estas irán acompañadas por otras sustanciales en el nivel de precios. Pero las fluctuaciones serán menos, como se dijo anteriormente, que con la política de salarios flexibles.

De esta manera, con la política rígida de salarios, la estabilidad de los precios irá ligada, en períodos cortos, a la ausencia de fluctuaciones en el empleo. En períodos largos, por otra parte, todavía nos queda por elegir entre la política de permitir a los precios que desciendan lentamente con el progreso de la técnica y el equipo, mientras se conservan estables los salarios; o dejar que los salarios se eleven poco a poco, al mismo tiempo que se mantienen estables los precios. En conjunto, yo prefiero la segunda alternativa porque es más fácil conservar el nivel real de ocupación dentro de una escala determinada de empleo completo con una esperanza de mayores salarios para después, que con la de salarios menores en el futuro; y debido también a las ventajas sociales de disminuir gradualmente la carga de las deudas, la mayor facilidad de ajuste de las industrias en decadencia hacia las que van en auge y el estímulo psicológico que probablemente se sentirá con una tendencia moderada de los salarios nominales a subir. Pero esto no supone un principio fundamental, y me conduciría más allá de mi objetivo actual de desarrollar en detalle los argumentos en ambos sentidos.

La teoría de los precios

Mientras los economistas se encargan de lo que se llama "teoría del valor" han acostumbrado enseñar que los precios se rigen por las condiciones de la oferta y la demanda; habiendo desempeñado un papel prominente, en particular, las variaciones en el costo marginal y en la elasticidad de oferta en períodos cortos. Pero cuando pasan a la teoría del dinero y de los precios, ya no escuchamos más de estos conceptos familiares, pero inteligibles y nos trasladamos a un mundo en el cual los precios están gobernados por la cantidad de dinero, por su velocidad-ingreso, por la velocidad de circulación relativamente al volumen de transacciones, por el atesoramiento, por el ahorro forzado, por la inflación y la deflación *et hoc genus omne*; y se hace muy poco esfuerzo, o bien ninguno, para ligar estas frases más vagas con nuestras ideas anteriores de las elasticidades de oferta y demanda. Si reflexionamos sobre lo que se nos ha enseñado y tratamos de racionalizarlo, en los estudios más sencillos parece que la elasticidad de oferta debe haber llegado a cero y la demanda a ser proporcional a la cantidad de dinero; mientras que en los estudios más elevados nos encontramos perdidos en una niebla donde no hay nada claro y todo es posible. Todos estamos acostumbrados a colocarnos algunas veces a un lado de la luna y otras en el contrario, sin saber qué ruta o trayecto los une, relacionándolos, aparentemente, según nuestro modo de caminar y nuestras vidas soñadoras.

La división de la economía en teoría del valor y la distribución por una parte y teoría del dinero por la otra, es, en mi opinión, una separación falsa. Sugiero que la dicotomía correcta es entre la teoría de la industria o firma individual y las remuneraciones y distribución de una cantidad dada de recursos entre diversos usos por una parte, y la teoría de la producción y la ocupación en conjunto por la otra. Es cierto que, mientras nos limitemos al estudio de la industria o firma individual, supongamos que la cantidad total de recursos empleados es constante y, provisionalmente, que las condiciones de otras industrias o firmas no han cambiado, no nos estaremos refiriendo a las características importantes del dinero. Pero tan pronto como pasamos al problema de lo que determina la producción y la ocupación en conjunto, necesitamos la teoría completa de una economía monetaria.

O tal vez pudiéramos dibujar nuestra línea divisoria entre la teoría del equilibrio estacionario y la teoría del equilibrio móvil –queriendo decir con esta la de un sistema en que los puntos de vista cambiantes acerca del futuro son capaces de influir en la situación presente–. Porque la importancia del dinero surge esencialmente de que es un eslabón entre el presente y el futuro. Podemos considerar qué distribución de recursos entre los diferentes usos será compatible con el equilibrio, bajo la influencia de los motivos económicos normales en un mundo en que nuestras opiniones relativas al futuro son estables y dignas de confianza por todos conceptos –quizá con una división más entre una economía que no cambia y otra que está sujeta a variar, pero en la que todas las cosas se prevén desde el principio–. O podemos pasar de esta propedéutica simplificada a los problemas del mundo real, en el que nuestras previsiones anteriores pueden quedar fallidas, y las expectativas relativas al futuro afectar lo que hacemos en la actualidad. Sólo cuando hayamos realizado esta transición, deben entrar en nuestros cálculos las propiedades peculiares del dinero como un eslabón entre el presente y el futuro. Pero aunque la teoría del equilibrio móvil debe seguirse necesariamente en términos de una economía monetaria, sigue siendo una teoría del valor y de la distribución y no una "teoría del dinero" autónoma. El dinero en sus atributos importantes es, sobre todo, un artificio sutil para ligar el presente con el futuro; y no podemos siquiera empezar a examinar el efecto de las expectativas cambiantes sobre las actividades corrientes, excepto en términos monetarios. No podemos librarnos del dinero aun cuando aboliéramos el oro, la plata y los instrumentos de moneda corriente. Mientras exista algún bien durable, este podrá poseer los atributos monetarios y, por lo tanto, originar a los problemas característicos de una economía monetaria.

II

El nivel particular de precios en un sector industrial concreta está subordinado, en parte, a la tasa de remuneración de los factores productivos que entran en su costo marginal y, en parte, de la escala de producción. No hay motivo para modificar esta conclusión cuando pasamos a la industria en conjunto. El nivel general de precios depende, en parte, de la tasa de remuneración de los factores productivos que entran en el costo marginal y, en parte, de la escala de producción como un todo, es decir (considerando conocidos el equipo y la técnica), del volumen de ocupación. Es cierto que, cuando pasamos a la producción como un todo, su costo, para cualquier industria, depende parcialmente de la producción de las demás; pero el cambio más importante del que no hemos hecho caso es el impacto, tanto sobre los costos como sobre el volumen, de los cambios en la demanda. Es en el lado de la demanda donde tenemos que introducir ideas completamente nuevas cuando nos ocupamos de la demanda en conjunto y ya no más de la de un producto aislado, considerado separadamente, suponiendo invariable la demanda total.

III

Si nos tomamos la libertad de simplificar, y suponemos que los tipos de remuneración de los distintos factores productivos que entran en el costo marginal varían todos en igual proporción, es decir, en la misma que la unidad de salarios, se sigue que el nivel general de precios (considerando conocidos la técnica y el equipo) depende, en parte, de la unidad de salarios y, en parte, del volumen de ocupación. Por consiguiente, el efecto de las variaciones en la cantidad de dinero sobre el nivel de precios pueda considerarse como compuesto del efecto que ejerce sobre la unidad de salarios y del que tiene sobre la ocupación.

Para poner en claro las ideas que esto conlleva, simplifiquemos nuestras suposiciones todavía más y supongamos que todos los recursos sin ocupación son homogéneos o intercambiables en su eficacia para producir lo que se necesite y que los factores de la producción que entran en el costo marginal se conforman con el mismo salario nominal en tanto haya un excedente de estos sin ocupación. En este caso, tendremos rendimientos constantes y una unidad rígida de salarios, mientras exista la más pequeña desocupación. Se desprende de aquí que un incremento en la cantidad de dinero no producirá el menor efecto sobre los precios mientras haya alguna desocupación, y que el empleo subirá exactamente en proporción a cualquier alza de la demanda efectiva producida por la elevación de la cantidad de dinero, mientras que, tan pronto como se alcance la ocupación plena, la unidad de salarios y los precios serán los que aumentarán en proporción idéntica al incremento de la demanda efectiva. Así, si hay elasticidad perfecta de la oferta en tanto haya desocupación, y perfecta inelasticidad de la misma tan pronto como se alcanza la ocupación completa, y si la demanda efectiva cambia en la misma proporción que la cantidad de dinero, la teoría cuantitativa del dinero puede enunciarse como sigue: "Mientras haya des-ocupación, la ocupación cambiará proporcionalmente a la cantidad de dinero; y cuando se llegue a la ocupación plena, los precios variarán en la misma proporción que la cantidad de dinero".

Sin embargo, habiendo satisfecho la tradición al intro-ducir un número suficiente de supuestos simplificados para permitirnos enunciar una teoría cuantitativa del dinero, con-sideremos ahora las posibles complicaciones que, de hecho, influirán sobre los acontecimientos:

1) La demanda efectiva no variará en proporción exacta a la cantidad de dinero.

2) Desde el momento en que los recursos no son uni-formes, habrá rendimientos menguantes, y no constantes, a medida que el empleo aumente de manera paulatina.

3) Como los recursos no son intercambiables, algunos bienes lograrán una condición de inelasticidad en la oferta a pesar de haber recursos sin empleo disponibles para la pro-ducción de otros bienes.

4) La unidad de salarios tenderá a aumentar antes de que se haya alcanzado el pleno empleo.

5) Las remuneraciones de los factores que conforman el costo marginal no variarán todas en la misma proporción.

Por consiguiente, debemos considerar en primer lugar el impacto de las variaciones en la cantidad de dinero sobre la magnitud de la demanda efectiva; y el aumento de esta irá, en términos generales, a elevar la cantidad de ocupación y a subir el nivel de precios. Así, en lugar de que los precios se mantengan constantes mientras haya desempleo y de que los precios crezcan, relativamente a la cantidad de dinero, cuan-do exista ocupación completa, tendremos, de hecho, una si-tuación en que los precios ascienden gradualmente a medida que la ocupación crece. Es decir, que la teoría de los precios, o sea el análisis de la relación entre los cambios en la cantidad de dinero y los del nivel de precios, con el fin de determinar la elasticidad de estos últimos en respuesta a las variaciones en la cantidad de dinero, debe, por tanto, dirigirse a los cinco factores de complicación mencionados anteriormente.

Los estudiaremos por turno. Pero no debe permitirse que este procedimiento nos conduzca al supuesto de que son independientes, en sentido estricto. Por ejemplo, la proporción en que se dividen los efectos de un aumento de la demanda efectiva entre el alza de la producción y la de los precios, puede alterar la forma en que la cantidad de dinero se relaciona con la dimensión de la demanda efectiva. O, nuevamente, las diferencias en las proporciones en que cambian las remuneraciones de los diferentes factores pueden influir sobre la relación entre la cantidad de dinero y la magnitud de la demanda efectiva. El objeto de nuestro análisis no es proveer un mecanismo o método de manipulación ciega que nos dé una respuesta infalible, sino acercarnos un método organizado y ordenado para razonar sobre problemas concretos; y, después que hayamos llegado a una conclusión provisional, habiendo aislado los factores de complicación uno a uno, tendremos de que retornar sobre nuestros pasos y tener en cuenta, lo mejor que podamos, las probables interacciones de dichos elementos. Esta es la naturaleza del pensamiento económico. Cualquier otro modo de aplicar nuestros principios formales de pensamiento (sin los que, no obstante, estaremos perdidos en el bosque) nos llevará a error. Una falla importante de los métodos seudomatemáticos simbólicos de dar forma a un sistema de análisis económico, es el hecho de suponer de manera expresa una independencia estricta de los elementos que entran en juego, y que dichos métodos pierden toda su fuerza lógica y su autoridad si se rechaza esta hipótesis; mientras que, en el razonamiento ordinario, donde no se manipula a ciegas, sino que se sabe en todo momento lo que se está haciendo y lo que las palabras significan, podemos conservar "en el fondo de nuestra mente" las necesarias reservas y limitaciones y las correcciones que tendremos que hacer después, de un modo en el que no podemos retener diferenciales parciales complicadas "al reverso" de algunas páginas de álgebra, que suponen el desvanecimiento de todas ellas. Una parte demasiado extensa de la economía "matemática" reciente es una simple mezcla, tan imprecisa como los supuestos originarios que la sostienen, que permite al autor perder de vista las complejidades e interdependencias del mundo real en un laberinto de símbolos pretenciosos e inútiles.

1) El efecto primario de una variación en la cantidad de dinero sobre el volumen de la demanda efectiva se ejerce mediante su influencia sobre la tasa de interés. Si esta fuese la única reacción, el efecto cuantitativo podría derivarse de tres elementos: a) la curva de preferencia por la liquidez, que nos señala en qué cuantía tendrá que bajar la tasa de interés para que el nuevo dinero pueda ser absorbido por poseedores inclinados a recibirlo; b) la curva de las eficiencias marginales, que nos dice en cuánto crecerá la inversión como consecuencia de una baja dada en la tasa de interés, y c) el multiplicador de inversión, que nos indica sobre cuánto subirá la demanda efectiva, en su conjunto, con un incremento dado en la inversión.

Sin embargo, aunque este análisis sea valioso por introducir orden y método en nuestra investigación, presenta una facilidad engañosa si olvidamos que a), b) y c) son también parte integrante de los elementos de complicación 2), 3), 4) y 5), que todavía no hemos tenido en cuenta; porque la curva misma de preferencia por la liquidez depende de la cantidad del nuevo dinero que sea absorbida por la circulación de productos y de ingresos, que, a su vez, depende de la proporción en que crece la demanda efectiva y de cómo se divide el incremento entre la respectiva elevación de precios, de salarios, y el volumen de producción y empleo. Aún más, la curva de las eficiencias marginales dependerá parcialmente del efecto que tengan las circunstancias concomitantes al aumento en la cantidad de dinero sobre las previsiones respecto a las futuras probabilidades de la situación monetaria. Y, finalmente, el multiplicador estará influido por el modo en que se distribuya el nuevo ingreso resultante del aumento de la demanda efectiva entre las diferentes clases de consumidores. Tampoco, por supuesto, es completa esta lista de interacciones. Sin embargo, si tenemos presentes todos los hechos, tendremos suficientes ecuaciones simultáneas para obtener un resultado determinado. Habrá un volumen concreto de crecimiento en la magnitud de la demanda efectiva que, después de tomar todo en cuenta, corresponderá al aumento de la cantidad de dinero y estará en equilibrio con él. Además, sólo en circunstancias muy excepcionales ocurre que un aumento en la cantidad de dinero irá asociado con una disminución en la magnitud de la demanda efectiva. La proporción entre el volumen de demanda efectiva y la cantidad de dinero corresponde muy de cerca a lo que a menudo se llama la "velocidad-ingreso del dinero" —excepto que la demanda efectiva corresponda a aquel ingreso que ha sido previsto y que puso en funcionamiento la producción, no al que realmente se percibe—, y al ingreso bruto, no al neto. Pero la "velocidad-ingreso del dinero" es, en sí misma, simplemente un nombre que nada explica. No existen motivos para esperar que sea constante; porque depende, como se ha visto por el estudio anterior, de muchos factores variables y complejos. El empleo de este término oscurece, según mi opinión, el carácter real de la causación y sólo ha conducido a confusiones.

2) Como ya vimos antes, la distinción entre los rendimientos menguantes y los constantes está subordinada, en parte, a si los trabajadores son remunerados en proporción estricta a su eficacia. De ser así, tendremos costos de trabajo constantes (en unidades de salarios) cuando el empleo crece.

Pero si el salario de cierta clase de trabajadores es uniforme, independientemente de la eficacia de los individuos, tendremos costos de trabajo crecientes, cualquiera que sea la eficiencia del equipo. Además, si este no es uniforme y alguna parte de él supone un costo primo mayor por unidad de producción, tendremos costos primos marginales en ascenso para cualquier incremento, debido a los costos crecientes del trabajo.

De aquí que, por lo general, el precio de oferta suba a medida que la producción de un equipo determinado sea mayor. Así, el crecimiento de la producción irá seguido de una elevación de precios, aparte de cualquier variación en la unidad de salarios.

3) En el párrafo 2 tuvimos en cuenta la posibilidad de que la oferta fuese imperfectamente elástica. Si existe un equilibrio perfecto en las cantidades relativas de recursos especializados que no se usan, todos ellos alcanzarán simultáneamente el estado de ocupación plena. Pero, generalmente, la demanda de algunos servicios y bienes llegará a un nivel más allá del cual la oferta es, por lo pronto, perfectamente inelástica aunque en otras direcciones todavía queden excedentes importantes de recursos sin empleo. Así, al crecer la producción, se llegará sucesivamente a una serie de "embolletamientos" (*bottlenecks*) en los que la oferta de determinados bienes deja de ser elástica y sus precios tienen que elevarse al nivel necesario, cualquiera que sea, para desviar la demanda en otras direcciones.

Es posible que el nivel general de precios no ascienda mucho cuando la producción crece, mientras exista disponibilidad de recursos eficaces de todas clases sin ocupación. Pero tan pronto como la producción haya aumentado lo suficiente para empezar a alcanzar "embotellamientos", es probable que se produzca un alza violenta en los precios de ciertas mercancías.

No obstante, en lo que aquí tratamos, así como en lo dicho en el párrafo 2, la elasticidad de oferta está en función en parte del transcurso del tiempo. Si suponemos un intervalo suficiente para que cambie la cantidad de equipo, las elasticidades de oferta serán eventualmente mayores de manera decidida. De este modo, un cambio moderado en la demanda efectiva que se presente en circunstancias de amplia desocupación puede afectar muy poco en cuanto a elevar los precios y mucho en aumentar la ocupación; en tanto que otro más considerable que, siendo imprevisto, haga que se alcancen algunos "embotellamientos" temporales, se agotará en el incremento de los precios, no de la ocupación, en mayor proporción al principio que después.

4) El hecho de que la unidad de salarios puede tender al alza antes de llegar a la ocupación plena requiere pocos comentarios o explicación. Desde el momento en que cada grupo de trabajadores saldrá ganando, *ceteris paribus*, con un aumento en sus propios salarios, existe, naturalmente, una presión en este sentido para todos los grupos, a la que los empresarios estarán más dispuestos a admitir cuando estén haciendo mejores negocios. Por esta razón, es probable que una parte de cualquier aumento en la demanda efectiva será absorbida al satisfacer la tendencia ascendente de la unidad de salarios.

De esta manera, además del nivel crítico final de la ocupación plena, en el cual los salarios nominales tienen que aumentar, en igual proporción que el alza en los precios de los artículos para asalariados, en respuesta a un aumento de la demanda efectiva en unidades monetarias, estaremos frente a una sucesión de puntos semicríticos anteriores, en los cuales un crecimiento de la demanda efectiva tiende a elevar los salarios nominales, aunque no en proporción exacta al alza en el precio de los artículos para asalariados, y lo mismo sucede en el caso de una demanda efectiva decreciente. En la realidad, la unidad de salarios no cambia de una manera uniforme en términos monetarios, en respuesta a cada cambio pequeño en la demanda efectiva, sino a saltos. Estos trazos de discontinuidad están determinados por la psicología de los trabajadores y por la política de los patronos y los sindicatos obreros. Tratándose de un sistema abierto, en el que significa esta discontinuidad un cambio en relación con los costos de salarios en alguna otra parte, y en el ciclo económico, donde aun en un sistema cerrado puede significar un cambio en relación con los costos de salarios esperados para el futuro, es probable que sean de considerable significación práctica. Podría creerse que, desde cierto punto de vista, estos trazos discontinuos, en los que un incremento posterior de la demanda efectiva en términos de dinero puede provocar un alza discontinua en la unidad de salarios, son posiciones de semiinflación que presentan cierta analogía (aunque muy imperfecta) con la inflación absoluta que se presenta con un aumento en la demanda efectiva en circunstancias de pleno empleo. Tienen, además, mucha importancia histórica; pero no se prestan con facilidad a generalización teóricas.

5) Nuestra primera simplificación consistió en suponer que las remuneraciones de los diversos factores que entran en el costo marginal varían todas en la misma proporción; pero de hecho los tipos nominales de remuneración de los diferentes factores mostrarán grados variables de rigidez y pueden también tener elasticidades de oferta desiguales en respuesta a cambios en las remuneraciones monetarias ofrecidas. Si no fuera por esto, podríamos decir que el nivel de precios se compone de dos factores: la unidad de salarios y el volumen de ocupación.

Quizá el elemento más significativo en el costo marginal, que tiene probabilidades de variar en proporción diferente de la unidad de salarios, y también de oscilar dentro de límites mucho más amplios, es el costo marginal de uso, porque este puede subir violentamente cuando el empleo empieza a mejorar, si (como probablemente ocurrirá) la demanda efectiva creciente provoca un cambio rápido en las expectativas que prevalecen respecto a la fecha en que será necesario reponer el equipo.

Si bien para diversos fines es muy útil, como primer acercamiento, suponer que las retribuciones de todos los factores que entran en el costo primo marginal varían en la misma proporción que la unidad de salarios, podría ser mejor, quizá, tomar un promedio ponderado de las remuneraciones de los factores que entran en el costo primo marginal y llamarlo la unidad de costos. La unidad de costos, o bien, sujeta a la aproximación anterior, la unidad de salarios, puede considerarse así como el patrón esencial de valor; y el nivel de precios, dado el estado de la técnica y el equipo, dependerá en parte de la unidad de costos y en parte de la escala de producción, aumentando, cuando crece la producción, más que proporcionalmente a cualquier aumento en la unidad de costos, de acuerdo con el principio de los rendimientos decrecientes en períodos cortos. Tenemos ocupación plena cuando la producción ha llegado a un nivel tal que el rendimiento marginal de una unidad representativa de los factores de la producción ha bajado a la cifra mínima con la cual hay disponible una cantidad suficiente de factores para lograr esta producción.

V

Cuando un nuevo aumento en el volumen de demanda efectiva no provoca ya un incremento más en la producción y sólo ocasiona un alza de la unidad de costos, en proporción exacta al fortalecimiento de la demanda efectiva, hemos llegado a un estado que podría denominarse apropiadamente como de "inflación auténtica". Hasta alcanzar este punto, el efecto de la expansión monetaria es completamente cuestión de grado y no hay un momento anterior en el cual podamos trazar una línea definida y declarar que las condiciones de inflación están operando. Es probable que cada incremento anterior en la cantidad de dinero, en la medida que hace subir la demanda efectiva, se traduzca parte en un aumento de la unidad de costos y parte en un ascenso de la producción.

Parece, por tanto, que existe cierto tipo de asimetría a ambos lados del nivel crítico en que se manifiesta la inflación, porque una contracción de la demanda efectiva por debajo de ese nivel reducirá la magnitud de esta, medida en unidades de costo; mientras que una expansión de la demanda efectiva por encima de este no tendrá, por lo general, el resultado de aumentarla en términos de unidades de costo. Este efecto es consecuencia del supuesto de que los factores de la producción, y en particular los trabajadores, están dispuestos a oponerse a una reducción en sus remuneraciones monetarias, y que no hay razón correspondiente para resistirse a un incremento de estas. Tal supuesto está evidentemente bien fundado en los hechos, a causa de que la circunstancia de que un cambio que no sea general resulta benéfico a los factores especiales afectados cuando opera en sentido ascendente, y dañino cuando lo hace hacia abajo.

Si, por lo contrario, los salarios nominales descendieran sin límite siempre que hubiese una tendencia hacia un nivel inferior al de la ocupación plena no hay duda de que la asimetría desaparecería. Pero, en dicho caso, no habría ningún tope inferior a la ocupación plena hasta que la tasa de interés no fuese capaz de bajar más o que los salarios llegaran a cero. De hecho debemos tener algún factor cuyo valor en dinero es, si no fijo, por lo menos rígido, para que nos dé alguna estabilidad de valores en un sistema monetario.

El juicio de que cualquier incremento en la cantidad de dinero es inflacionista (a menos que por esto queramos decir solamente que los precios están subiendo) está ligado con el supuesto básico de la teoría clásica de que siempre nos encontramos en circunstancias tales que un descenso en las restricciones reales de los factores productivos llevará a una contracción de su oferta.

Notas finales sobre la filosofía social a que podría conducir la teoría general

I

Las principales desventajas de la sociedad económica en que vivimos son su incapacidad para lograr la ocupación plena y su arbitraria y desigual distribución de la riqueza y los ingresos. Es ostensible el nexo de la teoría anteriormente expuesta con lo primero; pero también es importante para lo segundo en dos aspectos.

Desde finales del siglo XIX se ha alcanzado un considerable progreso en la eliminación de las grandes diferencias de riqueza y de ingresos por medio de la imposición directa —impuesto sobre los ingresos e impuestos sobre herencias—, especialmente en Gran Bretaña. Muchos desearían llevar este proceso mucho más lejos, pero se lo impiden dos reflexiones: el temor de hacer de la evasión hábil un negocio demasiado atractivo y también de disminuir indebidamente el estímulo a correr riesgos; pero, principalmente, según mi modo de ver, por la creencia de que el crecimiento del capital está subordinado al vigor de las razones que empujan al ahorro individual y que una gran producción de ese crecimiento depende de los ahorros que hagan los ricos de lo que les sobra. Nuestro razonamiento no altera la primera de estas reflexiones, pero puede modificar de manera considerable la actitud que asumamos hacia la segunda, pues ya vimos que, mientras se mantenga la ocupación plena, el crecimiento del capital no depende en absoluto de la escasa inclinación a consumir, sino que, por lo contrario, esta lo entorpece, y solamente en condiciones de plena ocupación, una pequeña inclinación a consumir puede conducir al aumento del capital. Además, la experiencia sugiere que, en las condiciones existentes, el ahorro por medio de instituciones y de fondos de reserva es más que apropiado, y que las medidas tendientes a redistribuir los ingresos de una manera que tenga probabilidades de aumentar la inclinación a consumir pueden ser positivamente favorables al crecimiento del capital.

La confusión que prima en la mente del público en cuanto a este tema se pone de relieve por la creencia generalizada de que los impuestos sobre herencias son los responsables de la reducción de la riqueza de capital de un país. Suponiendo que el Estado emplee los productos de estos impuestos a sus gastos ordinarios, de manera que los impuestos sobre ingresos y el consumo disminuyan o eviten proporcionalmente, es claro que una política fiscal de altos impuestos sobre herencias tiene el efecto de elevar la inclinación a consumir de la comunidad. Pero como un crecimiento de la inclinación habitual a consumir servirá en términos generales (es decir, salvo en condiciones de ocupación plena) para incrementar al mismo tiempo el estímulo para invertir, la inferencia que comúnmente se hace es precisamente la opuesta a la verdad. De esta manera, nuestro razonamiento lleva a la conclusión de que, en las condiciones contemporáneas, el crecimiento de la riqueza, lejos de depender de la frugalidad de los ricos, como generalmente se supone, tiene más probabilidades de encontrar en ella un obstáculo. Queda, entonces, eliminada una de las principales justificaciones sociales de la gran desigualdad de la riqueza. No digo que no haya otras razones, contaminadas por nuestra teoría, que sean capaces de justificar cierta desigualdad en determinadas circunstancias. Pero elimina la razón más importante que hasta ahora nos ha hecho pensar en la prudencia de avanzar cautelosamente. Esto afecta particularmente nuestra actitud hacia los impuestos sobre herencias; porque existen ciertas justificaciones de la desigualdad de ingresos que no pueden aplicarse a la de herencias.

Por mi parte, pienso que hay justificación social y psicológica de grandes desigualdades en los ingresos y en la riqueza, pero no para tan grandes diferencias como existen en la actualidad. Existen valiosas actividades humanas cuyo desarrollo impone la existencia del aliciente de hacer dinero y la atmósfera de la propiedad privada de riqueza. Además, algunas inclinaciones humanas peligrosas pueden orientarse por caminos comparativamente inofensivos con la existencia de no ser posible satisfacerse de esta manera, pueden hallar un desahogo en la crueldad, en la temeraria avidez de poder y autoridad y otras maneras de engrandecimiento personal. Es preferible que un hombre tiranice su saldo en el banco que a sus conciudadanos; y, aunque se dice algunas veces que lo primero lleva a lo segundo, en ocasiones, por lo menos, es una alternativa. Pero para incentivar estas actividades y la satisfacción de estas inclinaciones no es necesario que se practique el juego con apuestas y peligros tan grandes como ahora. Apuestas y riesgos mucho menores pueden servir para el caso, con el mismo resultado, tan pronto como los jugadores se habitúen a ellos. La tarea de transformar la naturaleza humana no debe confundirse con la de manejarla; aunque en el estado ideal, los hombres pueden haber sido enseñados, inspirados o educados de forma que no tengan interés en tales apuestas, aun puede ser sensato y prudente para un estadista admitir que se practique el juego, bien que sujeto a reglas y limitaciones en tanto que el común de los hombres o, por lo menos una parte importante de la comunidad, se adhiera de hecho y con fuerza a la pasión de hacer dinero.

II

No obstante, del argumento se puede sacar otra conclusión más esencial, relacionada con las futuras desigualdades de riqueza; esto es, nuestra teoría del interés. Hasta aquí hemos encontrado la justificación de una tasa de interés moderadamente alta en la necesidad de dar suficiente incentivo al ahorro; pero demostramos que la dimensión del ahorro efectivo está determinada necesariamente por el volumen de la inversión y que este se promueve mediante una tasa de interés baja, con la condición de que no intentemos alentarla de este modo hasta más allá del nivel que corresponde a la ocupación plena. De esta manera, lo más conveniente es disminuir la tasa de interés hasta aquel nivel en que haya, proporcionalmente a la curva de la eficiencia marginal del capital, ocupación plena.

No puede haber duda de que este criterio será útil para hacer bajar la tasa de interés mucho más allá del nivel que hasta ahora ha primado; y, en la medida en que pueden adivinarse las diversas curvas de eficiencia marginal del capital que corresponden a cantidades crecientes de este, es probable que la tasa de interés disminuya en forma sostenida, si fuera posible mantener condiciones de ocupación plena con mayor o menor fijeza —desde luego, a menos que haya una modificación excesiva en la propensión global a consumir (incluyendo al Estado).

Estoy seguro de que la demanda de capital está limitada estrictamente en el sentido de que no sería difícil aumentar la existencia del mismo hasta que su eficiencia marginal descendiera a una cifra muy baja. Esto no significaría que el uso de instrumentos de capital no costase casi nada, sino solamente que su rendimiento habría de cubrir poco más que su agotamiento por desgaste y obsolescencia, más cierto margen para cubrir el riesgo y el ejercicio de la habilidad y el juicio. En síntesis, el rendimiento global de los bienes durables durante toda su vida solventaría justamente, como en el caso de los de corta duración, los costos de trabajo de la producción más un margen para el riesgo y el costo de la habilidad y la supervisión.

Ahora bien, aunque esta situación sería perfectamente compatible con cierto grado de individualismo, significaría, sin embargo, la eutanasia del rentista y, consecuentemente, la del poder de opresión acumulativo del capitalista para explotar el valor de escasez del capital. En la actualidad, el interés no recompensa de ningún sacrificio genuino como tampoco lo hace la renta de la tierra. El propietario de capital puede obtener interés porque aquel escasea, lo mismo que el dueño de la tierra puede percibir renta, porque su provisión es limitada; pero, mientras posiblemente haya razones intrínsecas para la escasez de tierra, no las hay para la de capital. Una razón intrínseca para tal limitación, en el sentido de un sacrificio genuino que sólo pudiera ser originado por la oferta de una recompensa en forma de interés, no existiría, a la larga, salvo en el caso de que la inclinación individual a consumir demostrara ser de tal carácter que el ahorro neto, en condiciones de pleno empleo, terminara antes de que el capital hubiera llegado a ser lo bastante abundante. Pero incluso de esta manera, todavía sería posible que el ahorro colectivo pudiera mantenerse, por medio de la intervención del Estado, a un nivel que permitiera el aumento del capital hasta que dejara de ser escaso.

Entiendo, por lo tanto, el aspecto rentista del capitalismo como una etapa transitoria que desaparecerá tan pronto como haya cumplido su destino y con la desaparición del aspecto rentista sufrirán un cambio radical otras muchas cosas que hay en él. Además, será una gran ventaja en el orden de los acontecimientos que defiendo, que la eutanasia del rentista, del inversionista que no tiene ninguna misión, no será algo repentino, sino una continuación paulatina aunque prolongada de lo que hemos visto recientemente en Gran Bretaña, y no necesitará de un movimiento revolucionario.

Por lo tanto, en la práctica podríamos proponernos (y esto no tiene nada de imposible) alcanzar un aumento en el volumen de capital hasta que deje de ser escaso, de manera que el inversionista sin funciones no reciba ya bonificación alguna; y confeccionar un plan de imposición directa que deje a la inteligencia, a la determinación, a la habilidad ejecutiva del financiero, al empresario *et hoc genus omne* (que seguramente están tan orgullosos de su función que su trabajo podría obtenerse mucho más barato que ahora) servir a la comunidad activamente en condiciones razonables de remuneración.

A la vez, debemos reconocer que sólo la experiencia puede mostrar hasta qué punto la voluntad popular, incorporada a la política del Estado, debiera orientarse al aumento y refuerzo del estímulo para invertir; y hasta qué punto es prudente incentivar la inclinación media a consumir, sin abandonar nuestro fin de privar al capital de su valor de escasez en una o dos generaciones. Puede resultar que la inclinación a consumir se fortalezca con tanta facilidad por los resultados de una tasa de interés menguante, que pueda alcanzarse la ocupación plena con una tasa de acumulación poco mayor que la presente. En este caso, un plan para recargar más con impuestos a los grandes ingresos y herencias podría estar expuesta a la objeción de que conduciría a la ocupación plena con una tasa de acumulación considerablemente inferior al nivel habitual. No debe suponerse que yo niegue la posibilidad, o aun la probabilidad, de dicho resultado, porque en tales temas resulta arriesgado predecir cómo reaccionará la generalidad de los hombres ante un cambio en el medio ambiente. Sin embargo, si fuera fácil lograr una aproximación a la ocupación plena con una tasa de acumulación no mucho mayor que la presente, por lo menos se habría solucionado un problema de relieve, y queda pendiente para decidir por separado la proporción y los medios según los cuales es debido y razonable hacer un llamamiento a la generación actual para que restrinja su consumo, de manera que pueda alcanzarse, a través del tiempo, el estado de inversión completa para sus descendientes.

III

Las consecuencias de la teoría explicada son moderadamente conservadoras en otros aspectos, pues si bien indican la importancia vital de establecer ciertos controles centrales en asuntos que actualmente se dejan casi por completo en manos de la iniciativa privada, existen muchos campos de actividad en los que no influye. El Estado tendrá que ejercer una influencia orientadora sobre la inclinación a consumir, a través de su sistema de impuestos, fijando la tasa de interés y, quizá, por otros medios. Por otra parte, parece poco probable que la influencia de la política bancaria sobre la tasa de interés sea suficiente por sí misma para determinar otra de inversión óptima. Pienso, por lo tanto, que una socialización bastante completa de las inversiones será el único medio de acercarse a la ocupación plena aunque esto no necesita excluir cualquier forma, transacción o medio por los cuales la autoridad pública colabore con la iniciativa privada. Pero fuera de esto, no se aboga francamente por un sistema de socialismo de Estado que abarque la mayor parte de la vida económica de la comunidad. No conviene al Estado asumir la propiedad de los medios de producción. Si este es capaz de determinar el monto global de los recursos destinados a incrementar esos medios y la tasa básica de remuneración de quienes los poseen, habrá realizado todo lo que le corresponde. Además, las medidas indispensables de socialización pueden introducirse paulatinamente sin que sea necesario romper con las tradiciones generales de la sociedad.

Nuestra crítica de la teoría económica clásica aceptada no ha consistido tanto en buscar los defectos lógicos de su análisis, como en indicar que los supuestos tácitos en que se basa se satisfacen con rapidez o nunca, con la consecuencia de que no puede solucionar los problemas económicos del mundo real. Pero si nuestros controles centrales logran conformar un volumen global de producción correspondiente a la ocupación plena tan aproximadamente como sea posible, la teoría clásica vuelve a cobrar fuerza de aquí en adelante. Si damos por sentado el volumen de la producción, esto es, que está determinado por fuerzas exteriores al esquema clásico de pensamiento, no existe reparo que oponer contra su análisis del modo en que el interés personal determinará lo que se produce, en qué proporciones se combinarán los factores de la producción con tal fin y cómo se distribuirá entre ellos el valor del producto final. Insistimos en que si nos hemos ocupado del problema de la moderación de una forma diferente, no hay objeción que enfrentar a la teoría clásica moderna por lo que respecta al grado de conciliación entre las ventajas públicas y privadas, en condiciones de competencia perfecta e imperfecta, respectivamente. De esta manera, fuera de la necesidad de controles centrales para lograr el ajuste entre la inclinación a consumir y el estímulo para invertir no hay más razón para socializar la vida económica que la que existía antes.

De una forma, concreta, no veo razón para suponer que el sistema existente utilice mal los factores de producción que se emplean. Por supuesto que hay errores de pronóstico; pero estos no podrían evitarse centralizando las decisiones. Cuando de diez millones de hombres con deseos de trabajar y hábiles para el caso están empleados nueve millones, no existe nada que permita aseverar que el trabajo de estos nueve millones esté mal empleado. La queja en contra del sistema presente no consiste en que estos nueve millones deberían estar empleados en tareas diversas, sino en que las plazas deberían ser suficientes para el millón restante de hombres. En lo que ha errado el sistema actual ha sido en definir el volumen del empleo efectivo y no su dirección.

Por eso coincido con Gesell en que al completar los vacíos de la teoría clásica no se da por tierra con el "sistema de Manchester", sino que se señala la naturaleza del medio que necesita del libre juego de las fuerzas económicas para realizar al máximo toda la potencialidad de la producción. Los controles centrales necesarios para lograr la ocupación plena conllevan, por supuesto, una gran parte de las funciones tradicionales del gobierno. Además, la teoría clásica moderna ha denominado ella misma la atención sobre las variadas condiciones en que el libre juego de las fuerzas económicas puede necesitar que se las doble o guíe: pero aún quedará un amplio campo para el ejercicio de la iniciativa y la responsabilidad privadas. Dentro de ese campo seguirán siendo válidas todavía las ventajas tradicionales del individualismo.

Detengámonos por un momento a rememorar cuáles son estas ventajas. En parte lo son de eficacia −las de la descentralización y del juego del interés personal−. Desde el punto de vista de la eficacia, las ventajas de la descentralización de las decisiones y de la responsabilidad individual son mayores aún, tal vez, de lo que el siglo XIX supuso; y la reacción contra el llamado al interés personal puede haber ido demasiado lejos. Pero, por encima de todo, el individualismo es la mejor salvaguarda de la libertad personal si puede ser purgado de sus defectos y abusos, en el sentido de que, comparado con cualquier otro sistema, amplía considerablemente el campo en que puede manifestarse la facultad de elección personal. También es la mejor protección de la vida variada, que brota precisamente de este extendido campo de la facultad de elección, cuya pérdida es la mayor de las desgracias del Estado homogéneo o totalitario; porque esta variedad conserva las tradiciones que encierran lo que de más seguro y afortunado eligieron las generaciones pasadas, colorea el presente con las diversificaciones de su fantasía y, como es subordinada inalienable de la experiencia, así como de la tradición y la imaginación, es el instrumento más poderoso para mejorar el futuro.

En consecuencia, mientras el ensanchamiento de las funciones de gobierno, que supone la tarea de ajustar la inclinación a consumir con el estímulo para invertir, parecería a un publicista del siglo XIX o a un financiero norteamericano contemporáneo una limitación espantosa al individualismo, yo las defiendo, por lo contrario, tanto porque son el único medio practicable de evitar la destrucción total de las formas económicas existentes como por ser la condición del funcionamiento próspero de la iniciativa individual.

Porque si la demanda efectiva es insuficiente, no sólo resulta intolerable el escándalo público de los recursos desperdiciados, sino que el empresario individual que intenta ponerlos en acción opera en lucha desigual contra todas las fuerzas contrarias. El juego de azar que practica está plagado de ceros, de tal manera que los jugadores, en conjunto, perderán si poseen la energía y la fe suficientes para jugar todas las cartas. Hasta ahora, el aumento de la riqueza mundial ha sido menor que el conjunto de ahorros positivos de los individuos, y la diferencia se ha compuesto de las pérdidas de aquellos cuyo valor e iniciativa no se han completado con fiabilidad excepcional o desusada buena fortuna. Pero si la demanda efectiva es la apropiada, alcanzará con la habilidad y la buena suerte ordinarias.

Los sistemas de los Estados totalitarios de la actualidad parecen solucionar el dilema de la desocupación a expensas de la eficacia y la libertad. En verdad, el mundo no soportará por mucho tiempo más la desocupación que, aparte de breves intervalos de excitación, va unida —y, en mi opinión, de manera inevitable– al capitalismo individualista de estos tiempos; pero puede ser posible que la enfermedad se cure por medio de un análisis adecuado del problema y conserve, al mismo tiempo, la eficiencia y la libertad.

IV

A propósito, dije que el nuevo sistema podría ser más favorable a la paz que el anterior. Vale la pena repetir y destacar ese aspecto.

La guerra tiene varias causas. Los dictadores y personas semejantes, a quienes la guerra otorga, por lo menos en calidad de esperanza, una excitación placentera, no encuentran dificultad en promover la belicosidad natural de sus pueblos; pero, por encima de esto, facilitando su tarea de avivar la llama popular, están las causas económicas de la guerra, esto es, el empuje de la población y la competencia por los mercados. Lo que interesa aquí es el segundo factor, que tuvo un papel predominante en el siglo XIX y podría volver a tenerlo.

Bajo el sistema de *laissez faire* nacional y el patrón oro internacional, que era el ortodoxo en la segunda mitad del siglo XIX, no había un medio disponible del que pudiera echar mano el gobierno para aplacar la miseria económica en el interior, salvo el de la competencia por los mercados, porque se desechaban todas las medidas que podrían ayudar a un estado de desocupación crónica o subocupación intermitente, excepto las que servían para mejorar la balanza comercial en las partidas relativas a mercancías y servicios. De esta manera, mientras los economistas estaban acostumbrados a aplaudir el sistema internacional que prevalecía, como el que proporcionaba los frutos de la división internacional del trabajo y armonizaba al mismo tiempo los intereses de las diversas naciones, ocultamente existía una influencia menos bienhechora; los estadistas que creían que si un país viejo y rico se desinteresaba de la lucha por los mercados, su prosperidad disminuiría y se malograría, se hallaban bajo la influencia del sentido común y de la percepción acertada del verdadero curso de los acontecimientos. Pero si bien las naciones pueden aprender a conseguir la ocupación plena con su política interna (y, debemos agregar, si pueden lograr también el equilibrio en la tendencia de su población), no es necesario que haya fuerzas económicas importantes destinadas a enfrentar el interés de un país con el de sus vecinos. Aún quedaría lugar para la división internacional del trabajo y para el crédito internacional en condiciones apropiadas; pero ya no existiría razón apremiante para que un país necesite forzar sus mercancías sobre otro o rechazar las ofertas de sus vecinos, no porque esto fuese necesario para capacitarlo con el fin de pagar por lo que deseara adquirir, sino con el objeto expreso de modificar el equilibrio de la balanza de pagos de manera que la balanza de comercio se inclinara en su favor. El comercio internacional dejaría de ser lo que es, esto es, un expediente desesperado para sostener el empleo en el interior, forzando las ventas en los mercados extranjeros y restringiendo las compras, lo que, si resulta exitoso, simplemente desplazaría el problema del desempleo hacia el vecino que estuviera peor preparado para la lucha, y se convertiría en un libre intercambio de bienes y servicios mutuamente ventajoso.

V

¿Será una esperanza quimérica la realización de estas ideas? ¿Tienen fundamentos insuficientes en las razones que gobiernan la evolución de la sociedad política? ¿Son más fuertes y evidentes los intereses que contrarían que aquellos a los que favorecen?

No intento responder en este lugar. Sería necesario un volumen de carácter diferente al de este para señalar, incluso en esquema, las medidas prácticas que podrían corporizarlas; pero, si tales nociones son correctas –hipótesis sobre la cual el autor mismo tiene que basar lo que escribe–, sería un error, lo predigo, discutir su fuerza en un período determinado. En la actualidad, la gente está excepcionalmente deseosa de un diagnóstico más esencial; más particularmente dispuesta a recibirlo; ávida de ensayarlo, con tal que fuera por lo menos verosímil. Pero fuera de este carácter contemporáneo, las ideas de los economistas y los filósofos políticos, tanto cuando son correctas como cuando están equivocadas, son más fuertes de lo que comúnmente se piensa. En realidad, el mundo está gobernado por poco más que esto. Los hombres prácticos, que se creen completamente libres de cualquier influencia intelectual, son generalmente esclavos de algún economista difunto. Los maniáticos de la autoridad, que escuchan voces en el aire, destilan su frenesí inspirados en algún mal escritor académico de algunos años atrás. Estoy seguro de que el poder de los intereses creados se exagera mucho en comparación con la intrusión paulatina de las ideas. No, por cierto, en forma inmediata, sino después de un intervalo; porque en el campo de la filosofía económica y política no hay muchos que estén influenciados por las nuevas teorías cuando pasan de los veinticinco o treinta años de edad, de modo que las ideas que los funcionarios públicos y políticos e, incluso, los agitadores, aplican a los acontecimientos actuales, no serán probablemente las más novedosas. Pero, tarde o temprano, son las ideas y no los intereses creados las que presentan riesgos, tanto para mal como para bien.

Índice